篠崎史紀
Fuminori Maro Shinozaki

音楽が人智を超える瞬間《とき》

ポプラ新書
265

はじめに

「やっほー、マロです」

　若い演奏家たちに演奏会を一緒にやろうと誘うときの第一声はいつもこうだ。そして「マロと遊ぼう！」と続くのだが、この本をこれから読んでくださる方も、ぜひ、マロと遊んでいってもらいたい。

　私は2023年1月18日に還暦を迎え、1997年から26年間務めたNHK交響楽団（以下、N響）の第1コンサートマスターを退き、同年4月に特別コンサートマスターに就任した。

　その後もたびたび、N響の演奏会には出演しているし、後述する「MAROワールド」の演奏会や、故郷北九州で開催される北九州国際音楽祭に出演したり、東京や九州で子どもたちの指導をしたりしている。

　その合間に——というよりも、ライフワークとして、子どもの頃から好きだった「ウルトラセブン」などのヒーローものや「スター・ウォーズ」の世界をいまだに追いかけ続けている。還暦を過ぎながらも自称「永遠の5歳児」として忙しい日々だ。「音楽界の異端児」と言われることも多いが、私としては、ただ夢を持ち、ワクワクすることをやっているだけのつもり。

最初に断っておくけれど、この本は子どもを立派な演奏家に育てるための参考にしたいという方の期待には、応えられないかもしれない。
だが、自分のお子さんが変わっていると言われることが嫌ではなく、自由な育て方をしたいと思っている親御さんたちには、参考になるかもしれない。
世の中で平均的に良いと言われているものが必ずしも良いとは限らない。「これがあたりまえ」「こうするのが普通」などという既成概念に凝り固まらない方がいいと、私は常々考えている。なので、同じような考え方の人が読んだら、共感することがたくさんあるはずだ。

私の子ども時代は、子どもに「将来なりたいもの」を聞くと、真面目な顔をしてウルトラセブンや仮面ライダー、宇宙飛行士、探検家などと答えたものだ。

でも、今の子どもの将来の夢のランキングには、会社員や公務員が入っているそう。もちろん素晴らしい職業だけれど、子どものうちに「平均的に良いと思われるもの」に落ち着くのは早すぎる。

私は子どもたちに教える機会も多いし、これからも子どもたちとは積極的に関わっていきたいと思っている。新しい世代に音楽を楽しむことや夢を持つことの素晴らしさを教え、思いをバトンタッチしていきたい。

平成生まれ世代へのバトンタッチはうまくいったはずなので、これからは令和生まれの子どもたちとも一緒に考え、一緒に弾き、音楽の楽しさと弾く喜びを分かち合いたい。


この本が出版される9月、私はふくやま芸術文化ホール「リーデンローズ音楽大使」に就任する予定だ。リーデンローズとは、福山市出身の音響設計家の豊田泰久氏が設計したホールの一つ。彼はサントリーホールをはじめとする音響に優れたホールを世界中に作ったことで知られている。

私たちの世代は、市民会館や厚生年金会館など音楽ホールと呼ぶには難しい場所での演奏会が多かった。そんな中、ヨーロッパのように楽器の一部とも言えるホールが国内に出来たおかげで、後輩たちはインターナショナルな演奏法を手に入れることができた。

これから先、この福山のホールが多くの若者に夢を与えることができる寺子屋的な場所になってほしいという願いを込めて、今後、様々なプロジェクトを豊田氏と一緒に考えていこうと思っている。

翌月の10月には「東京ＭＩＮＡＴＯ　ＣＩＴＹ国際音楽コンクール＆ワークショップ」の本選の審査を控えている。2年ほど前、主催者から審査員長を務めてくれないかと声がかかった。「コンクールは好きじゃない」と答えると、「だから、お願いしたいのです」とのこと。

このコンクールは、テクニックだけを競うのではなく、音楽性を兼ね備えているかを重視する。だから、オーケストラと共演する本選では、ハイドンのヴァイオリン協奏曲第1番の第1楽章でカデンツァを自作して弾かないといけない。これは、１００年以上前では、すべての演奏家がやっていたことだ。音楽を心から愛する若い人が、審査員や聴衆と楽しくコミュニケーションできる場にしたいと、今から楽しみにしている。

もう一つ控えているのがバレエダンサーたちとオーケストラの共演。曲目はベートーヴェンの交響曲第7番とラヴェルの「ボレロ」、ビゼーの「アルルの女」。オーディションで選ばれたダンサーたちが踊り、私は指揮をする。

とはいえ私の本職はもちろん指揮者ではない。北九州交響楽団をはじめとするアマチュア・オーケストラや地元の九州交響楽団、東京では東京フィルハーモニー交響楽団でワルツの弾き振りとして指揮をしたことはあるけれど、今回はバレエとのコラボレーションで指揮をしてもらいたいと、声をかけてきてくれた。

「今までマロがやったことがないことをやらせてみたい」

私は、どうやら周りからそう思われるキャラクターのようだ。

そうやって、いつも誰かが「この企画、マロにやってもらいたい」と、声をかけてくれる。私自身も「今までやったことがなかったなら、これを機会にやってみようか」とか「遊びの延長で楽しめそうだな」とか「おいしいものがある土地だから行ってみようか」というモチベーションで、喜んで引き受ける。

私という存在を面白がってくれるみなさんがいるのは、これまで私がやってきたことを見てくれているからだろう。私も面白いことは大好きなので、とても嬉しい。

私と同じように面白いことが大好きな人、ワクワクしたい人、平均的な生き方をしなくてもいいという勇気をもらいたい人、マロと一緒に遊びたい人……。そういう方にとっては、実に楽しい本になっているのではないだろうか。

本書では、私の愛する故郷、北九州での子ども時代や、ウィーンでの留学体験、その後の仲間たちとの愉快な日々を織り交ぜながら音楽の魅力を紹介していこうと思う。風変わりな音楽家の半生を、楽しんでいただけたら何よりだ。

篠崎史紀

目次

第２章

ウィーンで身につけたマロ流妄想力

人生には光と影があるが、困難に陥っても、希望の光が差す。

第3章

北九州が「人生の流儀」を育んでくれた ヴァイオリンが弾けるようになると、世界中の人と友だちになれる。

第4章

N響が「コンサートマスターの流儀」を確立させてくれた

クラシック音楽は再生と伝承、そして創造。

第5章

偉大なマエストロたちが音楽の流儀を教えてくれた

この指揮者は、「作曲家がその先に考えた何か」を指揮棒で表すことができる。

第6章

いま、日本の音楽界に、そして故郷に伝えたい思い

夢があるから人生は輝く。

篠崎史紀 HISTORY

1963年1月18日　長野県松本市に生まれる。以後、福岡県北九州市で育つ。

1964年（1歳）　1歳11カ月で初めてヴァイオリンを構える。

1966年（3歳）　父篠崎永育、母美樹からヴァイオリンを教わる。

1967年（4歳）　「ウルトラセブン」の放送が始まる。

1969年（6歳）　小学校入学。

1971年（8歳）　「仮面ライダー」の放送が始まる。

1974年（11歳）　小学校6年生のとき、図書室で浮世絵の本を見ていた友だちから「きみ、歌麿の絵に似てるからマロくんね」と、あだ名をつけられたが、実際は東洲斎写楽の浮世絵という勘違いであった。

1975年（12歳）　中学校入学。アマチュア・オーケストラ「北九州交響楽団」で活動を始める。

1977年（14歳）　「スター・ウォーズ」公開。

1979年（16歳）　最初の渡欧。

1981年（18歳）　再び渡欧。ウィーン市立音楽院に入学。トーマス・クリスティアン氏に師事。「ミドルネームはあるか？」と聞かれ、小学校時代のあだ名を思い出し「マロ」という呼び名を使うようになる。

1982年（19歳）　ウィーン・コンツェルトハウス大ホールでコンサート・デビュー。

1984年（21歳）　イヴリー・ギトリスの講習会を受けに行き師事。

1988年（25歳）ウィーン市立音楽院を修了して帰国し、群馬交響楽団のコンサートマスター就任。

1991年（28歳）読売日本交響楽団のコンサートマスター就任。

1996年（33歳）東京ジュニアオーケストラソサエティを設立し、芸術監督就任。

1997年（34歳）NHK交響楽団のコンサートマスター就任。

2004年（41歳）「MAROワールド」スタート。

2007年（44歳）福岡にて「楽興の時～室内楽セミナー&演奏会～」というアマチュアからプロフェッショナルまで幅広く共に音楽を楽しみ学ぶという趣旨のもと室内楽を指導し、共演。

2014年（51歳）第34回NHK交響楽団「有馬賞」受賞。

2020年（57歳）第33回ミュージック・ペンクラブ音楽賞にて「MAROワールド」がクラシック室内楽・合唱部門賞を受賞。

2023年（60歳）NHK交響楽団を定年退職し、特別コンサートマスター就任。

2024年（61歳）「おんがくはまほう」（リトル・モア）を上梓し、絵本作家という顔を持つ。

2024年（61歳）九州交響楽団のミュージックアドバイザーに就任。

2024年（61歳）ひき続き、NHK交響楽団の特別コンサートマスターに。

第1章

ウィーンが「音楽の流儀」を教えてくれた

音楽は人智を超える。

16歳、目の前に積まれた100万円でヨーロッパに

1979年、高校2年生の春、父が私の目の前に100万円の札束をポンと置いた。

「おまえ、海外に行ってみたいだろう。これを持って遊びに行ってこい」

父はにやっと笑って、目を丸くしている私に言った。後述するが、両親は地元、北九州で篠崎バイオリンスクール（現・篠崎ミュージックアカデミー）を主宰。父はヴァイオリンとチェロの講師を務めている。母は幼児教育の専門家で、子どもたちにヴァイオリンを教えている。私は両親からヴァイオリンの指導を受け、中学、高校と、地元のアマチュア・オーケストラで活動していた。

その頃の私といえば好奇心いっぱいの16歳。広い世界を見てみたい。答えはもちろん「行く」。出発は夏休み。行き先は未定だ。

翌朝には、家のあちこちにヨーロッパの写真集などが置いてあった。映画「サウンド・オブ・ミュージック」の写真集をめくると、舞台となったオーストリアのザルツブルクやアルプスの山々や中世から残る古い街並みが目に飛び込んでき

た。

ザルツブルクはモーツァルト生誕の地で、夏にはさまざまな音楽祭が開催される。そのほかにも夏季にヨーロッパ各地で開催される音楽講習会のパンフレットや、体験談を書いた本が置いてあった。

クラシック音楽をやっているのだから、偉大な音楽家が生まれたヨーロッパの国々にもちろん興味はある。だが、それよりもまず先に頭に浮かんだのは映画「007」の世界だった。小学生の頃、地元の映画館で観た007シリーズのジェームズ・ボンドに憧れて「008」を目指していた時期もある。

家にはベネチアの写真集も置いてあって、そこには「007/ムーンレイカー」の予告編で見たサン・マルコ広場や運河をわたるゴンドラが写っていた。すっかりその気になり、いろいろ調べてみた結果、音楽講習会を受けるツアーに参加することになった。結局は父のてのひらで転がされたというのか、まんまとひっかかったというのか。完全にはめられたというわけだ。

でも選んだのは自分。せっかく行くことにしたのだから、何かを得てこようと思ってしまうのも、私の持って生まれた性分だ。

両親が子どもに教えるときはいつも、一人ひとりをよく観察して、その子に合ったやり方を見つけていた。得意なものを伸ばしていた。

私の場合、大人になった今でもそうなのだが、自分がワクワクすることしかやらない子どもだった。そんな私に、最初から「夏休みはヨーロッパで音楽の勉強をしてこい」と言っても素直に首を縦に振るわけがない。父はすべてお見通しだったのだ。

それにしても私が留学したのは半世紀近く前。ヨーロッパは今よりずっと遠かった。インターネットがあるわけじゃないから連絡はすぐに取れない。公衆電話でかける国際電話の料金は当時1分で1700円くらいしたので、しょっちゅうかけるわけにはいかない。

スマートフォンがない世界なんて若い人は想像できないかもしれないけれど、スマートフォンが翻訳してくれるわけじゃない。わからない言葉があったら辞書で調べる。行きたい場所があったら紙の地図を見て行く。

そんな場所に、うちの父は「行ってらっしゃーい」と、まるで近所に遊びに行くようなノリで送りだした。今思うと信じがたい。

ワクワクすることが大好きな私の性分は、父譲りなのかもしれない。

コミュニケーションはパントマイムで

高校2年生の夏休みに渡欧。オーストリア、フランス、スイス、ハンガリーなどを周った。

講習会を受けたのはオーストリアのザルツブルク。モーツァルトの生家を見に行ったり、モーツァルトが散歩した道を辿ったり、半分は観光客気分だった。宿舎は修道院。朝食は食堂で出してもらえるが、宿舎内のキッチンで自炊もできた。

あたりまえだが言葉が通じない。でも、それすらも私の好奇心をくすぐった。不安よりも、誰にも監視されていないという開放感の方がずっと大きかった。

自炊するために卵を買おうとスーパーマーケットに行っても、英語が通じない。こうなったらボディランゲージしかないと、ニワトリの真似をした。「コケーコッコ……」とやって、卵を産むところまで、店の中でパントマイムを演じてみた。最後は人差し指を口に入れてポンッと鳴らす。卵を産んだ音だ。どうやら通じたようで、店員は笑いながら、卵の売り場に連れて行ってくれた。「これ何?」と日本語で聞くと「Ｅ《ア》ｉ《イア》」。なるほど、卵はＥｉかと覚えた。私の語学上達術は、あくまで暮らしながら、ボディランゲージを駆使しながら。

ツアーで一緒だった大学生たちは、いつも日本人同士で固まっていた。言葉が通じないからと、街に出るときは辞書を片手に出かけていた。

「大丈夫だよ。日本語でしゃべりながらニワトリの真似したら通じたよ」と言うと、きょとんとしていた。大学生ともなると体裁というものがあるのかもしれないが、高校生の私はまったく平気だったのだ。

当時は、現地には英語を話せない人が多かった。アメリカに対する複雑な感情もあったのだろう。ジーンズをはいていると「アメリカの作業着を着てくるな」と顔をしかめる先生もいたぐらいだ。今思うと、人種差別的な発言だけれど、当時は第二次世界大戦を体験した人たちが多くいたので無理もないだろう。

とはいえ、基本的に親切な人が多かった。困っていると近づいてきて、どうしたのかと尋ねてくる。そこにさらに、「どうしたの？」と人が集まってきて、私をそっちのけで井戸端会議が始まってしまったこともある。

この感覚、なんだか懐かしい。肌で知っている。私が生まれ育った北九州の小倉もおせっかいな大人たちが多かった。道に子どもがいると、なんやかんやと声をかけてくれた。おかげで私は子どもの頃から大人と自然な距離で話ができた。

異国のおせっかいな大人たちと臆せず話ができたのも、故郷で培《つちか》った経験のおかげだろう。子どもの頃、近所を歩いていて、誰とも話さないで帰ってくることはほとんどなかった。周りの大人たちと話をすることが自然だったし、お年寄りが子どもだった私を相手に戦争体験の話をしてくることなどもよくあった。

毎日同じことを尋ねてくるおじいさん

講習が始まり、毎日レッスンに通うようになった。朝、修道院を出ると必ず顔を合わせるおじいさんがいた。修道院の隣に住んでいて、朝早くから外に出て、掃除をしたり、花壇の手入れをしたり、日向《ひなた》ぼっこをしながら仲間とチェスをしていたり。晴れている日はほとんど外にいて、私と顔を合わせると声をかけてくる。

「どこから来たのか」

かろうじてわかるドイツ語だ。

「日本です」

「何をしにきたのか」

「ヴァイオリンを勉強しにきました」

このあたりは、手にしているヴァイオリンケースを見せながらの会話だ。

「そうか。音楽は素晴らしい。絶対にやめないで、やり続けなさい」

よくわからないが、おそらくこんなことを言っているのだろう。

「わかりました」

そう言ってレッスンに向かおうとする私に、彼は続けた。

「Es《エス》 gibt《ギプト》 etwas《エトヴァス》 in《イン》 der《デア》 Musik.《ムジーク》
Das《ダス》 über《ユーヴァ》 das《ダス》 menschliche《メンシエリヒ》 Verständnis《フェアシュテントニス》 hinausgeht.《ヒンアウスゲート》」

難しすぎる。まったくわからない。私は適当にほほ笑み、うなずきながらレッスンへと向かった。

次の日の朝になると、また同じ質問をしてくる。そして同じ会話が繰り返される。次の日も、また次の日もだ。

「このおじいさん、大丈夫かな」

そんなことを思ったが、あまりに毎日同じフレーズを言われたせいか、意味が解らないそのフレーズをそらんじることができるようになった。

そしてある日、ドイツ語がわかる友人に、この言葉を伝え、訳してもらった。すると……「音楽には何かがある。それは人間の理解を超えている」という意味だった。

とはいえ、16歳の私にとっては今ひとつピンとこなかったので、「ふうん」とうなずくぐらいだった。

音楽は人智を超える

「ねえ、あの人、いつも同じことを言うんだよ。なんでだろう」

ある日、私はおじいさんと一緒にいる友だちに聞いてみた。

「彼は、音楽に命を助けられた人なんだよ」

その人は言った。おじいさんはどうやらナチスの強制収容所から帰還したユダヤ人で、音楽のおかげで生き延びることができたのだと。

ユダヤ人、強制収容所……。

歴史の時間に習ったことはある。中学の頃の歴史の先生は太平洋戦争に召集された経験があって、授業中にそのときの話をよくしてくれた。日本人捕虜ホロコーストの歴史についても教えてくれた。

とはいえ、言葉もろくに話せない異国の高校生が何かを答えられるはずもなく、おじいさんについて詳しい話が聞けるはずもなく、会話はそこで終わった。

翌朝も、おじいさんが近づいてきた。

「収容所にいたんだって？」

つたないドイツ語で尋ねてみた。おじいさんはサッと表情を変え、無言で腕を見せてくれた。そこには数字の刺青《いれずみ》があった。かつて映画で見たことがある強制収容所の囚人番号の刺青だ。それが何を示しているのか、さすがの私もなんとなくわかった。でも、目の前に突き出されると言葉が出てこない。

「ああ、本当に収容所にいたんだ……」

そう思ったが、何も言えなかった。その後の記憶は曖昧だが、おじいさんはまた翌朝も「おまえどこから来たんだ」と尋ねてきて、いつもの会話が繰り返された。それからは毎回、真面目に耳を傾けるようになった。

そのような強烈な体験をしたが、なにしろ当時16歳。実は、つい最近までこのことをずっと忘れていた。なのに数年前、唐突に思い出した。

２０２０年4月、コロナ禍による第1回緊急事態宣言をきっかけに、ほとんどの演奏会が中止になり、なんで私は音楽をやっているのだろうと、頭の中でぐるぐると考え続けていた。

そのときに、ふと「音楽は人智を超える」という言葉が浮かんできた。

「あれ、この言葉、なんだっけ？　……そうだ、ザルツブルクのおじいさんに言われたあの言葉だ」と思い至ったのだ。

「人智を超える」は私がおじいさんの言葉を解釈し、私なりに日本語に訳した言葉。つまり、音楽が人間が理解できる範囲を超えてしまったということ。

16歳のときはまるで意味がわかっていなかった。その頃はヴァイオリンを鮮やかに弾くことがカッコいいと思っていた。

「パガニーニを弾いたら、みんながびっくりするかな」

「エルンストの超絶技巧を見せちゃおうかな」

そんなことを思いながら弾いていた。左手でピチカートすると、みんなが口々に褒めてくれる。そんなことに優越感を抱いていた。

あの頃の私には何もわかっていなかったのだ。

歳月が経ち、いろいろな人たちの話を聞き、自分自身もさまざまなことを体験し、ようやくわかってきた。

今になって鮮やかにあのときの記憶がよみがえってきたということは、私がこれからそのメッセージを周りに伝えていかなくてはならないということか。そう感じて、それ以来、機会があると話すことにしている。この本のタイトルにも使わせてもらった。

あのおじいさん、宇宙人だったのかな。

そんなことすら考える。

天から降りてきたヨーダ？　それともオビ＝ワン・ケノービ？

もしかしたら私は、気づかないうちに、おじいさんの暗示にかけられたまま、今日まで弾き続けてきたのかもしれない。

高校卒業後、再びヨーロッパへ

聴衆を前に室内楽やソロで演奏する機会もあり、講習会はかなり充実していた。異国からやってきた学生であってもプロと同じ扱い。舞台に立ってヴァイオリンを演奏するときは一人の演奏家。外国人の前で弾くという初めての経験にドキドキワクワクを味わうことができ、実にいい経験だった。

あっという間に3カ月間の夏季講習は終了し、帰国。演奏する楽しさはさらに増していた。

高校は父と同じ男子校に進学し、小中学校時代と同様、男友だちとふざけてばかり。膝まである長い学生服を着て不良ぶってみたりと、相変わらずワイワイと楽しく過ごしていたが、そろそろ進路も考えないといけない。

ワクワクするものがないと面倒くさくなってしまう性格だということは、自分でもよくわかっていた。何も考えずに日本の大学に入っても、すぐにやめてしまうことになるだろう。両親は私の進路に関しては何も口を出さなかった。「大学へ行きなさい」とはひとことも言わず、自分で決めろというスタンスだ。

さて、私の興味をそそるものはどこにあるだろう。よく考えた挙げ句、もう一度ヨーロッパに行こうと思い、当時師事していた江藤俊哉先生に相談した。

江藤先生には、ときどき上京し、教えてもらっていた。江藤先生は私に、日本の音楽大学に入学して、1年ぐらいしたらアメリカに留学したらどうかと勧めてくれた。

「先生、アメリカに何があるんですか。高いビルがあって、人がたくさんいて、忙しそうに歩いていて、東京と変わらないじゃないですか」

私は言った。アメリカのカーティス音楽院に留学経験がある江藤先生に向かってよく言ったものだ。

「きみは変わってるね。好きなところに行っていいよ」

江藤先生は言った。おそらく半分……いや、完全に呆《あき》れていたのだろう。自分でも、なんのために相談したのだろうと、首をひねりたくなる。

チェコスロヴァキアでの強烈な体験

高校卒業後の1981年、再びヨーロッパに飛んだ。父の師であるヴァイオリニストの小林武史先生が、弦の国と言われるチェコスロヴァキア（当時）に留学するといいと勧めてくれた。スメタナやドヴォルザークが生まれた地だ。

時は冷戦時代。チェコスロヴァキアは共産党体制。映画などの影響か、私にとってのこの国のイメージはずばりスパイ。007シリーズが好きな私は、犯罪組織？諜報機関？　もしKGBに誘われたら？　などと妄想はふくらむばかりで、胸が躍っていた。

あの頃のチェコスロヴァキアは、厳格な入国規制と外国為替管理が行われていた。入国すると外国から持ち込んだ外貨を1日100シリング、換金しないとならなかった。当時の日本円で1700円ぐらいだ。

「両ポケットに1ドル札を入れておけ。そして、大事なものはすべて靴の中に」

小林先生は、私に知恵を授けてくれた。

「何かあったら1ドル札を出せ。揉めごとになっても1ドル札を出せば助かる」

私は教え通り、両ポケットに1ドル札を入れ、それ以外のお金は靴の中に入れて外出した。するとすぐに警察官が近づいてくる。

「パスポートを出せ」

「パスポートはホテルに預けています」

かわりにパスポートをコピーした紙を見せても「これはパスポートじゃない」と言われる。そこでポケットから1ドル札を出したら途端に、「おお、これはたしかにパスポートだ」と言って、解放してくれた。だが、しばらく歩いていると、また同じ警察官に呼び止められる。

「パスポートを出せ」

「さっきも会ったよね？」

「いや、初めてだ」

結局また1ドル札を渡して解決する。コントでも演じているようだが、相手は真面目にやっている。何しろ、街には銃を持った警察官や軍人が大勢歩いていて、なんとも言えない緊張感が漂っていた。

スーパーに行くと、どこも長蛇の列ができていた。でも、食料品は配給だから何も置いていない。そして、英語で話しかけると人がさっといなくなる。英語を話すとスパイと間違えられるらしい。そんな噂も聞いていた。

賄賂《わいろ》文化が横行しているチェコスロヴァキアで、これからも暮らすのはきついかもしれない。私はその後、あちこちを放浪することになる。

トーマス・クリスティアン先生との出会い

ある日、ウィーンに演奏会を聴きにいった。そこであるヴァイオリニストの演奏を聴き「この人は私にはないものをすべて持っている！」と、胸が騒いだ。そのヴァイオリニストの名はトーマス・クリスティアン。

私にはないもの——言葉で言い表すのは難しいのだが、音色とかフレーズ。簡単に言ってしまえば「匂い」だろうか。

フィンガリングとボウイングもとても斬新だった。フィンガリングは演奏する際の左手の指使い。どの指でどの音を弾くか。フィンガリングが指さばきなら、ボウイングは弓さばき。音の強弱をつけたり、音質を変えたりと、さまざまな変化を生む。

クリスティアンは、現リトアニア出身の往年の名ヴァイオリニストであるヤッシャ・ハイフェッツの弟子で、19歳でカーネギーホールでデビューしている。ハイフェッツといえば超絶テクニックで知られるが、クリスティアンは技術に彼独自の匂いやニュアンスを加えた演奏をする人だ。

私が今まで聴いたことのないものがそこに存在した。すごくウィーン風だけどパーソナリティがはっきりしている。誰のものでもない。これまでに聴いたことがない感動がありながらも、どこか懐かしい。とにかく私は、一瞬で心を持っていかれた。

新しいおもちゃを目の前に出されたような感じというのだろうか。ワクワクしてしまい、どうしても手に入れたくなった。「この人につこう」と決め、クリスティアンの楽屋に直談判しにいった。

「弟子にしてください」

そう頼み込み、彼と話をしながら、あることに気づいた。私は彼のレコードを幼い頃から実家で何度も何度も聴いていたのだ。子どもだったから名前を忘れていた。風貌が変わっていたのでしばらく気づかなかった。

「あなたのもとで学びたい」。クリスティアンに告げると、彼は私に言った。

「おまえは外国人だろ。学校に入って僕のクラスに入ればいいんだよ」

「そうなのか」と、きょとんとしている私に、彼はさらに言った。

「だいたい、ビザは持ってるのか？」

「ビザ？」

何も知らない私はクリスティアンに言われ、彼が講師を務めているウィーン市立音楽院（当時）を受験した。

ウィーン市立音楽院に入学

なんとも行き当たりばったり。学校のことなどろくに調べず、ヨーロッパには自分が探しているものがあるかもしれない、という気持ちだけで、好奇心のおもむくままに、目の前に広がる景色と音楽を楽しんでいた。

学校の入り方も知らなかった。あの頃はおおらかな時代だったなあと思い返したりもするが、ただ単に私が変わっていただけなのかもしれない。

入学試験の受験料は当時のオーストリアの物価感覚として、日本円で約300

ウィーン・コンツェルトハウスでのデビュー公演の楽屋で、ウィーンの師匠クリスティアン先生と

実家にあったクリスティアン先生のレコード

円。無事に合格し、晴れてクリスティアンの弟子になることができた。このとき、学生手帳をもらうために払ったのが約200円。ボックスに入って撮ると自動で出てくる証明写真4枚1組のシートが約100円。合計1000円もかからずに入学が決まった。学校に入ってから、クリスティアンをはじめ、いろいろな人に「学生証があれば、いろいろと学生割引がきくから」と、アドバイスをしてもらった。

　当時のオーストリアでは学費が税金でまかなわれており、留年や追試の制度はない。成績が芳しくなく、学校が「コイツはいらない」と思ったらすぐに除名だ。

日本は大学名や企業名にこだわる。東大、京大……私たちの世界だと東京藝大、桐朋ほか、さまざまな音楽大学……。卒業後も出身大学で派閥にわかれるケースもあるようだ。でも、人間の価値は大学名や企業名では決まらない。名前に左右されるのはなぜなのだろう。その人の価値にはなんの関係もない。私としては、だからなんなの？　という感じだ。

ヨーロッパでは先生に弟子入りする。先生の受け持ち人数は決まっているので、空きがないと弟子になれない。ドイツ語でいう「meister《マイスター》」で、英語のマスターに相当する言葉だ。日本語だと「師匠」「親方」といったところだろう。落語家の師匠や大工の棟梁《とうりょう》に弟子入りする関係といったらわかりやすいだろうか。

ドイツ人は日本人と気質が似ていて真面目でマニュアル通り、時間もきっちり守るといわれているが、オーストリア人は全然違う。内向的とも言われるが、本質的にはおおらかだ。

さらに、ウィーン人はまた少し違う顔を持っている。ウィーンはハプスブルク家が繁栄した時代に近隣の国々から多くの人が移住してきた。そのため、もともとこの国に住んでいる人は、よそ者への警戒心が強い。でもそのわりにおおらかな人も多く、私が接した人々はとてもおしゃべりだし世話好きで親切だった。

音楽を介せば、さらに彼らとわかり合えるし、心が通じ合えるだろう。私はそう確信していた。

ところで、もはやミドルネームともいえる私の愛称「マロ」が定着したのはウィーン時代。

出会う人に、「ミドルネームは？」と聞かれることが多かった。「名前（ファーストネーム）と苗字（ラストネーム）の間に入る名前」のことで、日本人でもクリスチャンネームがある人がいるが、私にはない。でも「ＳＨＩＮＯＺＡＫＩ」も「ＦＵＭＩＮＯＲＩ」も、現地の人は発音しにくい。何かいい呼び名はないかと考えたとき、小学校のときのあだ名「マロ」を思い出した。

小学生の頃、図書室にあった日本画集で東洲斎写楽と喜多川歌麿の浮世絵を見ていた友人が、写楽の絵が私に似ていると言いだした。でも写楽と歌麿を間違えていて、ついたあだ名がマロ。「マリオ」「マルコ」「マリア」などヨーロッパの人の名前にも似ているから発音が簡単。名乗ってみたところ、あっという間に定着した。

今では篠崎〝ＭＡＲＯ〟史紀と掲載されることもあって、立派なミドルネームとなった。小学校で私にあだ名をつけてくれた友だちに感謝したい。

クリスティアンの楽譜をこっそり盗んでは練習する日々

クリスティアンは１９５１年生まれで、私とひと回り違いの30歳。日本だと年齢差を気にするが、ヨーロッパ人は相手の年齢はあまり気にしない。兄弟のように接してくれた。体型も近かったので、弾くときの体勢やフィンガリングなどが真似しやすかったのもよかった。

先生と生徒というより、兄弟のように親密につきあえた。クリスティアンの恋人のためにコーヒーを淹れるのも私の役目。

「なんで俺が先生の彼女のコーヒーを淹れないといけないんだ」と思いながらも、おかげでウィーン風のおいしいコーヒーの淹れ方をマスターすることができた。

ふたりで音階を弾いていても「天気がいいから庭でバーベキューをやろう」と、あっさり予定を変更。でも食事をしながらふとした瞬間に「この感覚はベートーヴェンのあの曲の……」と、ひらめく。そして「今からやってみよう」と、食事そっちのけでヴァイオリンを弾き始める。まだ練習してもないのに、いきなり弾いてしまう。彼とふたりで、思いつきからどんどん発想を広げていくのも貴重な時間。一緒にいる時間すべてがレッスンだった。


最初に彼の生演奏を聴いたときから、私も彼みたいに弾けるようになりたいと強く願った。興味を持つとどこまでもリスペクトができるので、まずは真似て自分の中に取り入れながら、私自身の形にしていこうと考えていた。

クリスティアンが練習している曲を自分も弾いてみたい。楽譜はピアノの上に置いてあるからこっそり引き抜いてコピーして、次のレッスンのときにすっと戻しておく。

私がその曲を弾いていると、彼がピクリと反応する。

「その曲は今は楽譜が存在しないはずだ。いったいどこで手に入れた？」

クリスティアンは必ず聞いてきた。何しろその楽譜はすでに廃版になっている。

しかもコピーした楽譜には彼のフィンガリングやボウイングも書いてある。

「僕は知りません」

とぼけてみるが、もちろんバレている。そんなやりとりも楽しかった。


真似をしているのだから、クリスティアンが何を伝えたいかがはっきりと理解できた。不思議なことに、真似をしているうちに私も自分の出したい音やフレーズがわかってきた。今も私のレパートリーはクリスティアンと似通っている。

コンクール好きな先生のレパートリーはコンクールの課題曲が多いが、クリスティアンは、まったく違う。私自身、若い頃は何度かコンクールを受けた経験があるが、実は好きではない。クリスティアンもそのあたりの考え方は同じだった。それも惹かれた要因のひとつだろう。

時を経て、私も若手たちに同じように「一緒に演奏しよう」「マロと遊ぼう」

2年前に撮ったクリスティアンの写真。キノコがおいしくなりますようにとヴァイオリンを奏でる

と声をかけている。クリスティアンから引き継がれたレパートリーを、今では私の弟子たちが引き継いでいる。音楽はこうして知らない間に伝承されていくのだ。

音楽は世界を繋ぐ共通語

行き当たりばったりでウィーンに流れついた私は、言葉も生活しながら覚えた。最初は学生寮に入っていたが、自由な暮らしをしたくなり、アパートを借りた。街の中心部から少し離れた築90年ほどの古いレンガ造りのアパートの

3階。エレベーターはないので毎日階段を上り下りしていた。ヨーロッパの場合は、地上から建物に入ったところが0階。だから日本で言うと私の部屋は4階なので、上り下りはけっこうたいへんだ。家具は備えつけ。もちろん楽器の音出しＯＫの２ＤＫで、ピアノはレンタルした。

私がウィーンで暮らすようになった１９８１年は、70年ぶりの大寒波だった。アパートにはセントラルヒーティングが付いていたが、冬はマイナス20度ぐらいになる。しかもその年はマイナス37度というとんでもない日もあった。

だが、ここでまた私の好奇心がむくむくと湧き上がってきた。零下で濡れたタオルを振り回すと本当に凍るのか。髪の毛を濡らして外に出ると本当に凍るのか。「トムとジェリー」だったと思うが、海外のアニメで見たことがあり、気になっていた。

私のことだ、もちろん外でやってみた。すると、タオルも髪の毛も本当に凍ったので「おおー！」と感動。私は盛り上がっていたけれど、友人たちは「こんなことやる奴、初めて見た」と呆れていた。

上の部屋は空室だったし、下の部屋の老夫婦は耳が遠い。遠慮なく練習することができたが、この老夫婦が毎日ものすごく大きな音でラジオをかける。二人の会話も私の部屋まで聞こえてくるほどだった。

彼らと喋るときは大きな声でゆっくりと、何度も同じ言葉を繰り返しながら。おかげで、子どもが言語を習得するように、私はどんどんドイツ語を覚えていった。

けれど、そのせいか私のドイツ語はかなりクセが強いようだ。あるときウィーンの友だちの子どもと喋っていたら「なんか、おじいちゃんと話しているみたい」と言われてしまった。日本でも祖父母に育てられた子は古い言い回しをよく知っていたり、言葉遣いが同世代と少し違ったりするが、まさにそんな感じなのだろう。そもそも、ウィーン人が話すドイツ語は「なまり」があると言われている。

N響で当時、音楽監督を務めていたシャルル・デュトワに「おまえ、すごくなまってるな」と言われ、口調を真似されたこともある。

「俺、そんなになまってないですよね?」

私は近くにいたヴァイオリン奏者、田中裕さんに尋ねた。彼はベルリンで勉強しているのだが、返ってきた言葉は「いや、すごくなまってます」だった。

完ぺきではないが、英語、ドイツ語、イタリア語、ロシア語はある程度は話せる。レストランに行って注文するくらいなら韓国語もいける。

北九州は韓国に近いので、韓国人がけっこう住んでいた。学校にも韓国人の子がいたので、子どもの頃から韓国語は知っていた。とはいえ、まともに話せる言語は一カ国語もない。

日本語の場合、故郷の言葉は話せるが、今でも標準語は完ぺきではないかもしれない。N響でも、私が指示を出したときに団員たちがポカンとすることがあった。すると、ご両親が九州出身だという団員が標準語に訳して伝えてくれた。

言語は慣れ。勉強するからかえって喋れない。むしろ勉強しない方が喋れるようになるというのが私の持論だ。私がザルツブルクのスーパーで卵を買ったときのように、目的があれば通じるものだ。

「目の前に外国人のかわいい女の子がいたら、一生懸命話しかけるだろう? そうしたら話せるようになる」と、冗談めかして言うこともある。

ウィーンでしばらく慣れなかったのは時間表記。ドイツは3時半を「halb《ハルプ》 vier《フィアル》」と表現する。halbは英語のhalf、つまり半分――$\frac{1}{2}$時間＝30分ということ。vierは4。「4時の$\frac{1}{2}$時間前」つまり「4時まであと30分」という言い方をする。

この時間の表記に慣れるのに時間がかかった。「明日のレッスンはhalb vierからだ」と言われると、4時半に来てしまう生徒が多かった。時間の言い方が難しいというのは、ドイツに留学していた知人から聞いていたので、レッスン時間は必ず紙に書いてもらうようにしていた。

とはいえ、私にとっては言葉が通じないということはそれほど苦ではない。不安やストレスになることもない。

16歳の頃の講習会の先生はイタリアとチェコスロヴァキアの先生だった。ふたりとも英語は話さず、母国の言葉を話す。イタリア語は、日頃から使っている音楽用語があるから、言っていることはなんとかわかった。アレグロ、アダージョ、アンダンテなどのテンポ。フォルテやメゾピアノなどの強弱。スタッカートやレガートなどの奏法。

でもチェコ語となるとさっぱりわからない。それでもヴァイオリンを弾けば通じ合えた。テンポも音の強弱も奏法も先生の身振り手振りでわかる。周りの生徒たちは、見た目も言語もまったく違う。それなのに、演奏するとちゃんと揃う。

言葉についてはそれほど困らなかったが、人種の壁にはぶち当たった。中学では、自分たちの身近な地域の差別問題については学んでいたが、ヨーロッパの人種差別はそんなレベルではなかった。宗教の問題も絡むので、日本人には理解しにくい。

それでも、演奏を始めてしまえば人種の壁は関係ない。肌の色や宗教、言語が違っても、同じ意思でアンサンブルをすることができる。魔法の呪文ではないけれどそれに近いものがある。音楽は国境や宗教を超えるのだと実感する日々だった。

スポーツも、人種や宗教が違っても一緒にプレーできる。でも、そこには勝ち負けが存在する。だが、音楽には勝ち負けがない。意思疎通を図りながら、理解を深めていくのが音楽だ。音楽で世界中の人と気持ちを分かち合うことができたら素敵だ。戦争だってなくなるのではないかと、そんな妄想すら持ってしまう。

かつて観たことがある「クレッシェンド 音楽の架け橋」という映画は、パレスチナとイスラエルから、音楽家を夢見る若者たちを集めてオーケストラが結成されるというストーリーだった。実在するユダヤ人とアラブ人混合のオーケストラに着想を得たのだという。

世界を救うのはきっと「音楽」。私もそう思わずにはいられない。

ウィーンでハマったSPレコードと無声映画

ウィーンではいろんな所で学割がきく。演奏会も、当日立ち見券が100円とか150円だ。オペラ座にもよく行ったものだ。

オペラ座の近くに、お気に入りのレコード屋があった。といっても、レコードは高くて買えない。そもそも当時住んでいた部屋にはステレオもない。気になるレコードがあると引き出してはジャケットをしげしげと見る。そんな日々だった。

「君はよく来るけど、いつも買わないよな」

ある日、店主のおじさんに声をかけられた。

「お金がないから買えないんだ。オペラ座の場所取りをしたけど、開演まで暇だから来てる」

「いつも古いレコードばかり見てるな」

「うちのお父さんがエルマンのレコードを持ってて、好きなんだ」

そのとき私が見ていたのはミハイル・サウロヴィチ・〝ミッシャ〟・エルマンのレコード。ウクライナ出身の名ヴァイオリニストだ。

「そうか。奥にもっと古いのあるよ」

店主は私を奥に連れて行き、SPレコードを見せてくれた。SPレコードとは19世紀後半から20世紀半ばにかけて販売されていた蓄音機時代のレコード。何枚か聴かせてくれたが、いい演奏ばかりだった。聴いていると心が落ち着いた。

蓄音機を通して出る共振共鳴音は心地よい振動を生みだし、リラックス効果をもたらすのだと、あとからわかった。

学校の隣にあった映画館にも行った。あるとき「メトロポリス」という映画がかかっていた。フリッツ・ラング監督の作品で「音のない映画」(1926年制作)と解説されている。興味深かったので、入ってみた。中は映画館というよりはキャバレーのような作りだった。前にスクリーンがあるが、飲食もできるしタバコも吸える。始まってみると、白黒の無声映画だった。

「白黒映画か。チャップリンみたいな感じかな。それにしてはSFっぽいな」

実験室のような場所で、電極につながれたロボットが横たわっていて……。マジンガーZ? 鉄腕アトム? どうやら未来都市の話のようだ。

だがそのうちに、ストーリーを追うどころではなくなった。なんと、演奏者が出てきてピアノを弾きだしたのだ。楽譜もなく、即興のようだ。脇に人が立っていて、ときどきセリフを言う。

「なんだこれ⁉ でも、面白い」

その日は生演奏という形態が気になってストーリーが頭に入らなかったので、もう一度観に行くと、また演奏者が出てきた。そして、前回とは違う曲を弾いた。

やはり即興なのだ。

「メトロポリス」、すごいな。私はすっかり無声映画にハマってしまった。おそらく映画やクラシック音楽からもインスピレーションを得ていた手塚治虫もこの映画に触発されているのではないか。

N響に入った後に、この映画の話をしていたらDVDをくれた人がいた。でも音楽はシンセサイザーの音でがっかりした。とはいえ、ピアノの即興生演奏以上の衝撃が起こるわけがないのだが。

路上演奏で腕試し

ウィーン市立音楽院に入学した半年後に1回目の試験がやってきた。課題曲の中から3曲を選ぶのだが、その中で私はパガニーニの「24のカプリース」を弾くことにした。カプリース（Caprice）はフランス語。「気まぐれ（自由）な形式で作られた曲」だ。

パガニーニは13歳の頃にはもはやこの世の曲で弾けない曲がなくなってしまっ

たと言われている「史上最高のヴァイオリニスト」。パガニーニが作曲しただけあって、非常に高度な演奏技術が求められる曲だ。

「何番を弾くんだ?」と聞かれて「先生が選んでください」と、強気な発言をした。24曲の中から先生がアトランダムに3曲を選んだのだが、「たぶん、これを弾けと言うだろうな」とヤマをかけていて練習していたのが見事に的中して、かなり満足のいく出来だった。私はすっかりいい気になっていた。

次は仲の良い友だちの番だった。彼が選んだのはシューベルトのソナチネ。ソナチネと題されていることからもわかるように、それほど難しくはない簡素な曲だ。

けれど、演奏を聴いた私は心を打たれた。なんとも柔らかく美しい音だった。人に何かを感じさせる演奏だった。これが音楽で一番大事なんだ。当時の私は、難しい曲を弾けることがすごいと思っていた。格好いいと思っていた。でも違う。私は完全に打ちのめされてしまった。

なんで、今までヴァイオリンをやってたんだろう。このまま続けていていいのだろうか。

その疑問を確かめるために、路上で演奏してみることにした。ヴァイオリンのケースを前に置いて、弾き始める。

演奏会の場合、客は自分の意思で来てくれているので、こちらも自分の思うままに弾けばいい。だが、路上で弾くとなると、私の演奏に気を留めてくれる人だけが聴いてくれる。でもたいていの人は目的地に向かっている。しかもウィーンの人たちは音楽をとてもよく知っていて、一般の人たちも批評家眼を持っている。足をとめてもらうのはたいへんだ。

もし、2、3人でも私の演奏を聴いてくれたら、自分はこのままヴァイオリンを続けよう。私は「賭け」のような気持ちで臨んだ。

不安な気持ちで弾き始めてしばらくすると、人が寄ってきた。すぐに歩き去ってしまう人もいたけれど、立ち止まって聴いてくれる人もいた。自分が奏でる音に人が集まってくるのはなんていい気分なんだろう。私の演奏が気に入った人たちは、路上に置いたヴァイオリンケースの中にお金を入れてくれた。

それ以来、ウィーンの街ではあちこち場所を変えて演奏してみた。今は警察に届けを出して証明書をもらわないといけないのだが、当時は自由に演奏してもいい場所が街のなかに何カ所かあった。

ある日、学校の昼休みに路上で演奏していると、なんと学長が通りかかった。

「ここでなにをしているんだ？」

学長は私に目をとめると、寄ってきた。労働ビザをもらっている外国人、あるいはオーストリアの国籍を持っているのなら路上で弾いてお金をもらってもいいのだが、学生ビザで滞在している私が収入を得る行為をするのは違法だ。

これはまずい……！　懸命に頭を働かせた。今はちょうど昼休み。当時のオーストリア近辺の国のアパートは昼休み（Mittagspause《ミッタークスパウゼ》）には楽器の音などを出してはいけないという決まりがあった。

「この時間は部屋で練習できないから、ここで練習しているんです」

あくまでも練習なのだと、苦し紛れの言い訳をした。見て見ぬふりをしようと決めたのか、学長は笑いながら去っていった。だが去り際に私の足もとのヴァイオリンケースに小銭が溜まっているのをチラリと見た。小遣い稼ぎをしているのはバレていただろう。当時はおおらかな時代だった。

私だけではなく路上で演奏している人はたくさんいた。ヨーロッパ中の列車に乗り放題のチケットがあるので、それを利用して旅行中の演奏家が、その日の宿代を稼ぐために路上で演奏していた。私もあちこち旅行し、ウィーンだけではなく、いろいろな街の路上で演奏した。

ウィーンの批評家たち

演奏会デビューより前に、ウィーンで初めてギャラをもらったのは教会での演奏だった。

ある日、友人に誘われた。

「これから教会で演奏するから一緒に来い」

「いいよ」

「そこで、もし信仰している宗教は何かと聞かれたら、ブッダと言え」

「……わかった」

ついていくと、友人は教会の人に「いい演奏をする友だちがいるから連れてきました」と言った。

「宗教は？」

聞かれたので、言われた通り「ブッダ」と答えた。演奏を終えると、1万円ほどのギャラをくれた。

教会でキリスト教徒が弾くことは「献奏」といい、神様に対して音楽を演奏して奉納すること。でも、異教徒が弾くとギャラが発生する。友だちはそれを知っていたのだ。

「マロと一緒に行くとお金がもらえるから」と、その後も友人はことあるごとに私を誘った。終了後はガストハウス（大衆食堂）に行って、私がもらったお金で飲み食いするのが常だった。

ウィーンに渡って1年後、ウィーン・コンツェルトハウス大ホールでヨーロッパデビューとなった。各紙の批評家たちからは「信頼性のあるテクニック、遊び心もある音楽性」「真珠を転がすような丸く鮮やかな音色、魅惑的な音楽性」と、嬉しい言葉をもらった。

現地の批評家はストレート。でも彼らは若い音楽家のことを応援しようという風潮がある。

また、ウィーンの音楽批評家の多くは演奏会を「自腹」で聴きに行く。オペラ専門、室内楽専門というようにだいたい細分化されているし、なかには「この歌手ならこの批評家」というケースもある。聴き手も彼らの署名記事の内容を参考にすることが多く「この批評家が評価するのなら本物だろう」などと、批評家自体にファンがついていることもある。

彼らは、指揮者がうまく振れたのか、オーケストラがうまく弾けたのか、実に細かく見ている。あからさまに悪口は書かないものの、よく読んでみると、誰のどこがよくなかったのかがわかるように書いてある。

リハーサルのことも匂わせているので、もしかしたらオーケストラ内部の人が書いているのでは？　と思わせるような記述もある。

批評家も聴き手も幼い頃から音楽を聴く耳が養われているので、彼らの存在が指揮者や演奏家を上手くし、下手にもする。

19歳のとき、ウィーン・コンツェルトハウスでのデビューコンサート

一方、ウィーンで、こんなジョークを教えてもらったことがある。

・　・　・

小さな山がありました。こちらの麓にはヘビが、反対側にはウサギがいました。ヘビとウサギはまだ会ったことがなく、声だけでやりとりをしていましたが、ある日、それぞれ反対側から登って、山の頂上で初めて会おうということになりました。

また、普通に会うのではつまらないから目隠しをして会おうということにしました。

「ぼくから触るね」

ヘビが言いました。

「ふわふわしてあったかいね。そして耳が

大きい。キミはたしかにウサギさんだ」

今度はウサギが触る番です。

「あれ、耳がない。それに冷たい。……もしかしてキミは批評家さん？」

・・・

このジョークはウィーンの人たちの音楽に対する見識、そして批評家に対する揶揄《やゆ》を表している。

ウィーンでは「ブラボー」も「ブー」もしょっちゅう。客同士で「今日の演奏はブラボーだ」か「いや、俺はブーだ」とケンカになることも。私自身、客席にいて客同士のケンカを何度も見かけた。

それぐらい真剣に聴いているし、音楽を愛しているということなのだ。

イヴリー・ギトリスとの出会い

1984年、スイスでイヴリー・ギトリスが講習会を開くと知り、もともとイヴリーの演奏が大好きだったので、受けに行った。私が21歳、イヴリーは61歳くらい——ちょうど今の私くらいの年齢だった。

受講生たちが彼の前で弾くことになり、私の番が回ってきたときは、レコードで聴いたことがある人の前で演奏することにワクワクした。私の場合、ドキドキはするけれど、あまり緊張はしない。ワクワクドキドキを緊張と呼ぶのかもしれないけれど、能力が上がる瞬間なのだとポジティブに捉えている。

イヴリーの前で弾けるとなったときも、体中をアドレナリンが駆け巡る感じだった。

「きみは誰についているの?」

弾き終わった私に、彼が聞いてきた。

「トーマス・クリスティアン先生です」

「やっぱりそうか。身内だな。トーマスは元気にしてるか?」

イヴリーはクリスティアンのことを知っていた。ふたりはパシィコフという同じ師匠についていて、一番年長の弟子がイヴリーで、一番下がクリスティアン。つまり、イヴリーはクリスティアンの兄弟子だった。

以来、私はイヴリーのもとに出入りするようになった。

21歳という若さで本物を目の前にして、ただただ圧倒されていた。この人のそばにいて、吸収できるものはすべて吸収したいと思った。

とはいえ私の役目は雑用係だった。イヴリーの鞄持ち、楽器持ち、灰皿持ち。マッサージもしたし、コーヒーも淹れた。講習会のアシスタントまがいも務めた。ほかの生徒に教えているときも、そばでずっと見ていた。

イヴリーが急にスケジュールの都合が合わなくなった生徒のレッスンを仕上げるのは私の役目になった。私は、すべて自分がやりたいからやっていた。

イヴリーは、どの弾き方で演奏するかはその日の彼の気分次第だった。観客の顔を見ながら演奏法を変えていた。背景にものすごい量の知識とメソッドがあるからこその「勘」で演奏していた。若い頃のイヴリーは惚れ惚れするくらいのテクニックを持っていた。楽譜の1小節で何十種類もの弾き方ができた。イヴリーと同じ先生についていたクリスティアンも、そういう点はよく似ていた。

イヴリーの演奏はクセが強い。テンポを崩して弾いたり、リズムも音程も独特。頭のかたいヴァイオリンの教師が見たら顔をしかめるような弾き方ばかりする。

パリのN響公演に駆けつけてくれたイヴリーと

また、自分の弾きたいようにしか弾かない。演奏会でも、「今日はこの曲の気分じゃない」と、別の曲を弾いたりする。

でも、彼が奏でる音楽は美しい。あれだけの独特な音程、リズム、フレーズ感で弾いて、素晴らしい音楽を奏でられるヴァイオリニストは、イヴリー・ギトリス以外は見たことがない。彼のそばにいられたことで得たものは大きい。

彼の演奏は好き嫌いがわかれるだろう。万人向きではないことはたしかだ。すごく好きになるか、苦手になるか。「なんとも思わない」という感想を持つ人はいないのではないか。

風貌も独特。とてもお洒落な人だけれど、街ですれちがったら「ちょっと変わったおじさん」と思うことだろう。また、その目は鋭いけれど、とてもやさしい。

本当にいい人なのだけれど、実に身勝手な人だった。音楽を金もうけに結び付ける人にとっては実に扱いにくいタイプだろう。でも私はそういう音楽家に惹かれてしまう。「類は友を呼ぶ」ということなのだろうか。

あまりにも個性的な演奏なのに、なぜだか不思議と心があたたかくなる。現代社会の中で、忘れてはいけないことを思い出させてくれる人。お母さんの作ってくれるおにぎりのような存在なのだ。


イヴリーは私と話すときはドイツ語だったが、英語、フランス語、イタリア語、ヘブライ語、スペイン語、ラテン語……と、何語でも話せた。奏法もいくつもあり、その日によって違う。その場の雰囲気と彼の気分によって変わるのだ。

私はほとんど一緒にいて、彼のレパートリーを練習した。でも彼は私に教えはしない。「どうやって弾くのですか？」と聞くと「おまえならどうやって弾く？」

と、逆に問い返してくる。教えるのではなく一緒に考える。うちの父親と同じやり方だった。

ある日、彼は「今日からぼくらは友だちです」と言ってくれた。そんな気さくな人だった。

親日家だったイヴリーは１９８０年の初来日以降、何度も日本ツアーを行った。私が帰国してからは日本で再会し、一緒に食事をしたこともある。

いつだったか来日した際の音楽雑誌のインタビューで「私の日本人の弟子には古澤巖と篠崎史紀がいる」と答えているのを読んだ。弟子として認めてもらったことに、目頭が熱くなったことを覚えている。

私の長男の名前「史門《しもん》」は、イヴリーが一時期仕事をストップしていたときに使っていた別名ヤン・シモンからいただいた。イヴリーのヴァイオリンケースの中には、史門が子どもの頃、立ったばかりでヴァイオリンを構えている写真がいつも入っていた。

ある日、目の前に天才が現れた！

天才とは「何がすごいのかよくわからないけどすごい」と思わせるオーラがある人ではないか。そういうオーラを纏った人に、たまに出くわすことがある。会ったときは「うわ、いたわ」「出逢えてラッキー」と、素直に思う。

私は天才に会ったことがある。唐突に目の前に現れたのだ。

夏休みにスイスで開かれたイヴリーの講習会に参加したとき、私は練習室でヴァイオリンを弾いていた。するとドアが開き、ひとりの男が入ってきた。西洋人だが、いったい何者なのか。

「きみは誰？」と尋ねても「あーあー、あーあー」としか言わない。ピアノの近くに行くので、ピアノが好きなのかな、と弾いてもらうことにした。

演奏を聴き、息を呑んだ。私は慌ててイヴリーを呼びにいった。

「ちょっと来てくれ。とんでもなくピアノのうまい男が突然やってきた」

練習室に入ってきたイヴリーも、そのあまりの音楽性に圧倒されていた。

「とんでもない才能だ」

「彼と演奏会がやりたい」。私はワクワクが止まらなくなった。彼は天才だ。神に与えられたギフトを持っている。

そのうちに、彼を探しに来た女性が現れた。魔法使いみたいな服を着た女性で、彼女に「彼と一緒に演奏会をやりたい」と伝えると、あまり大勢の前では弾けないとのことだったので、友人知人などだけに声をかけ、30人ほどの演奏会をやることになった。翌日にリハーサルをして、２日後に演奏会というスケジュールを組んだ。

翌日のリハーサルに、彼はその女性とやってきた。ピアノを弾く前に、彼女の胸を触ってから弾き始めた。胸を触るのは不安を解消するためなのか、弾く前のジンクスなのか。

そして2日後、私と彼のデュオで、非公開の演奏会が開催された。

彼の名前はデイヴィッド・ヘルフゴット。１９９５年に彼の半生が映画化された。タイトルは「シャイン」。アカデミー賞の7部門にノミネートされ、デイヴィッ

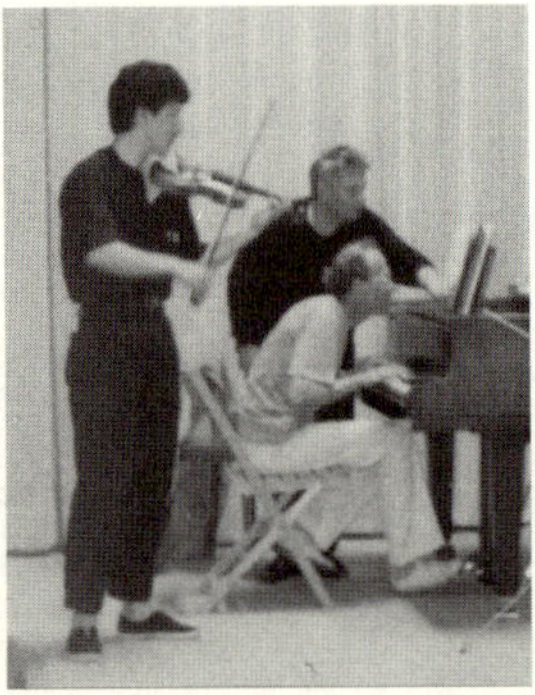

映画「シャイン」の主人公のモデルであるデイヴィッド・ヘルフゴットとのプライベートコンサートのリハーサル

ドを演じたジェフリー・ラッシュが主演男優賞を受賞した。

「あのときのデイヴィッドだ！」と、映画が公開されたときはとても驚いた。魔法使いのような服装の女性は、彼のパートナーであり、よき理解者だということも、映画を観てわかった。

デイヴィッドは1947年にオーストラリアで生まれ、幼年期よりピアニストになるべく英才教育を受け、少年時代から数々のコンクールで優勝。世界屈指の英国王立音楽大学に特待生として進学。その後、音楽の殿堂であるロイヤル・アルバート・ホールでコンサートを大成功させる。

将来の活躍を期待されるも、彼は精神を患

い、11年もの長い間、ピアノを弾くこともなく闘病生活を送ることとなった。
ピアノ演奏家としてのキャリアは絶たれたと思われていたが、周りの予想を覆し、ピアニストとして復活してデビューを果たす。この復活劇が映画に描かれている。

私と出会ったときの彼は、会話ができなかった。でも音楽があれば一緒に遊べる。一緒に弾いたら通じ合える。音楽は世界の共通言語なのだと、改めて実感した。

彼と出会って一緒に演奏できたのも、運と縁。奇跡が舞い降りたのかもしれない。とても大事な時間だった。

リコンファームを忘れてウィーンに留学した桑田歩

ウィーンで暮らしていると、音楽仲間の日本人ともよく顔を合わせた。長期滞在する日本人のための「日本人会」という交流会があり、有事のときに優先的に脱出させてくれる。

現在、東京フィルハーモニー交響楽団の首席チェリスト、金木博幸《かなき》さんとも日本人会で出会った。最初にカルテットをやったのも彼だし、MAROワールドでたびたび共演するピアニストの清水和音《かずね》さんと私の間を取り持ってくれたのも彼だ。


日本からヨーロッパに来た友だちが私のアパートに立ち寄ることもしょっちゅう。チェリストの桑田歩《あゆむ》もそのひとり。

彼のことは生まれる前から知っていた、と冗談めかして言っている。というのも、私たち二人の父親が音楽教育者で、古くからの知り合いだった。彼の父親はヴァイオリニストでチェリストでピアニスト。茨城県で音楽教室を開いていた。

初めて出会ったのは私が高校生、3学年下の彼が中学生のとき。東京で開いた演奏会に出演していた。父に紹介されたものの、交わした言葉は「どうも」「はじめまして」ぐらい。親の前では子どもはそんなにしゃべらないものだ。

ヨーロッパで、桑田歩と飲みながら

再会したのは１９８７年。私の知り合いのチェリスト田中雅弘さんが、イタリアに講習会を受けに来ていて、翌日帰国するのだという。最後の晩はウィーンで過ごすことになったので、「１泊させて」と言ってきた。そのときに連れてきたのが桑田だった。会ったのは２回目だったが、すぐに意気投合した。

もうひとり仲間を加えて麻雀大会になり、大いに盛り上がっていたのだが、私はふと気になって田中さんに尋ねた。

「リコンファーム（予約再確認）は済ませたの？」

すると田中さんが「今の時代、そんなの必要ない」と言う。そんなことはないだろうと、私は１時間に１回ぐらい「ねえ、本当に大丈夫?」と確認したが、「大丈夫、大丈夫」と取り合わない。結局、朝まで麻雀大会で盛り上がり、翌朝二人を送り出した。しばらくすると、田中さんから電話がかかってきた。

「悪い、帰れんわ」

彼は山口県出身。私と話すときは山口弁だ。「だから言ったでしょ」と、私は半分呆れていた。

「俺は仕事があるからビジネスクラスのチケットを買って飛行機に乗る。桑田は学生でお金がなくてビジネスは買えないから、1週間後の飛行機になった。それまで、おまえの家に泊めてやってくれ」

ということで、桑田は私の家のソファベッドに1週間泊まることになったのだ。そのときにチェロを弾いてもらったところ、えらくうまい。

「一緒に演奏会やろう」

ワクワクしてしまい、つい誘ってしまった。2カ月後に演奏会の予定を組もうとしたが、彼は1週間しかこっちにいない。

よし、彼を学校に入れちゃおう。私は翌日、桑田をウィーン市立音楽院に連れ

桑田歩とウィーンでトリオ。曲はメンデルスゾーンのピアノ三重奏曲。楽しそうに弾いている桑田の表情が懐かしい。

て行った。そして、チェロの先生に桑田の演奏を聴いてもらった。

「うまいでしょ？」

私は、なぜか自分が得意げに言った。

「素晴らしい！」

先生も認めてくれ、次の試験で彼を自分のクラスに入れることにすると言ってくれた。音楽院には、それぞれの講師のレッスンを受けられる生徒の人数枠があり、空きがあれば入れるという仕組みだ。私はそれを桑田に伝えた。

「いつか留学しようと思ってたんだ」

桑田は言った。そのとき彼は東京音楽大学の学生だったが、日本の音楽教育に疑問を感じていたらしい。いつか留学したかったのなら、今がまさにそのときではないか。私はすっかりその気だった。ずいぶんと強引な話である。

結局、桑田は東京音楽大学をやめ、ウィーン市立音楽院に留学することを決めた。

「じゃあ、家探そう」

私は彼本人よりよほどはりきっていた。その後、桑田はウィーンでリサイタルを開くなど、ヨーロッパ各地で活躍することになるのだが、リコンファームを忘れて留学したのは、彼ぐらいなのではないだろうか。

第2章

ウィーンで身につけたマロ流妄想力

人生には光と影があるが、
困難に陥っても、希望の光が差す。

音楽史の先生とマンツーマンでの問答

ウィーン市立音楽院に入学して1年目は実技だけではなく、必修の授業もあった。1年に1回試験を受けてパスすると単位をもらえる飛び級システムがあると聞き、まずは先生と親しくなろうと、音楽史の授業に出た。当時の私から見たらかなり年配の先生だ。マンツーマンで先生と向かい合う。

「おまえ、ドヴォルザークを知ってるか」

いきなり聞かれた。「もちろん」と、うなずく。

「ドヴォルザークはどこの国の出身か知ってるか？」

「チェコスロヴァキアでしょ」

「違う」

いや、チェコスロヴァキアだと習ったはず。もしかしたら引っかけか？　だいたいこの先生はいつも冗談ばかり言っていて、何が本音だかよくわからない。

「もしかしたら、オーストリアなんて言わないよね？」

「その通りだ」

先生はうなずいた。ドヴォルザークが生まれた１８４１年は、１９１８年の独立以前。まだオーストリア帝国だ。

「おまえは『新世界より』は知ってるか」

「もちろん。知らなかったら音楽学校に入れない。特に第２楽章は日本でも有名で、学校から帰るときに流れるんです」と答えた。

「第２楽章の冒頭にコラールがあるの知ってるか」

「知ってます。祈りの音楽だから」

コラールとはドイツ語で賛美歌という意味だ。第２楽章は金管楽器のコラールで始まる。

「第４楽章にもあるんだぞ」

ここまでは、先生の長い話の序章だった。

「スコアを持ってこい」と言われ、私は図書館まで借りに行った。見ると、たしかに第４楽章の最後の激しいところで金管楽器がコラールを鳴らしている。それまで気づいていなかった。

「これが何かわかるか？」

「祈りです」

「なんで祈るんだ？」

「わかりません」

「考えろ」

先生はそう言った後、別の話題に移った。

「モルダウ」の背景

「スメタナはどこの国の出身だか知ってるか」

「また引っかけでしょ。オーストリア？」

今度は正解だ。スメタナは1824年にボヘミア北部、当時のオーストリア帝国領で生まれた。スメタナ作曲の「モルダウ」という曲は、学校で合唱曲として知った方も多いのではないか。もとは交響詩「わが祖国」という作品の2番目の曲。スメタナとドヴォルザークはチェコを代表する作曲家だ。

「なんで、俺たちは『モルダウ』が好きか、わかるか」

「自分たちの街を流れている川だからでしょ」

という話をしていたときに、またドヴォルザークの話に戻った。

「ドヴォルザークはどんな音楽を取り入れた？」

「ええと……チェコの音楽、黒人霊歌……」

「あとはアメリカ先住民だ。チェコ、黒人、アメリカ先住民。共通点があるだろ」

聞かれたが、私はわからなかった。

「差別され、虐《しいた》げられた民族だ。黒人たちはアフリカから連れてこられて奴隷にされた。アメリカ先住民たちはヨーロッパ人やアメリカ人から迫害を受けた。そして生まれたのが『新世界より』だ。このような悲劇をなくしてほしいという祈りが叫びのように表現されている」

「そんな説は聞いたことがない。どの教科書に載ってるんですか」

「どこにもない」

「先生の解釈？」

「俺だけじゃない。チェコ人の解釈だ」

先生ははぐらかすように言い、チェコスロヴァキアはどういう国かと私に尋ねた。

「共産圏でしょ。ソヴィエトに支配されているんじゃないの？　その前は、オーストリア帝国？」

先生に翻弄されていた私は、反抗期の中学生のように答えた。

「オーストリアに支配されているのがどういうことかわかるか？　おまえはわかるはずだ。なぜなら、おまえの国はアメリカに支配されているだろう？」

「え？」

今まで聞いていた他国の話よりさらにわけのわからないことを言われたと感じた。18歳のそのときまで、日本は自由な国だと思っていた。

ウィーンは第二次世界大戦でソヴィエト連邦から攻撃を受けた。戦争に巻き込まれた先生たちは、ソヴィエト連邦の作曲家ショスタコーヴィチの楽譜を持っていくと、今でも拒絶し、時に楽譜を投げつけることがある。「こんな曲じゃなくて、世の中にはもっといい曲がいっぱいある。たとえばシューベルトを勉強しろ」と。演奏会でソヴィエト連邦の作曲家の曲を演奏すると戦争経験者の聴衆は席を立つことがある。

「まず、当時のチェコ人は何語をしゃべらなくちゃいけなかったかわかるか。チェコ語は使えない。ドイツ語を使わなければならなかった」

先生は続けた。ドヴォルザークの時代は、オーストリア帝国の支配下にあった。

「あの頃、当時のチェコ人はすべての風習を絶たれた。俺たちは自分たちのアイデンティティをもぎ取られた民族だ。日本はどうだ？　宗教は？」

「……神道？　仏教もあるし……」

それまであまり真剣に向き合ったことのない話題に、私は首をひねり、口調は曖昧になるばかりだった。18歳の私は自分の国の歴史をよくわかっていなかった。

ウィーンに来てからというもの、街角でもスーパーでもカフェでも「Where are you from?」と、問いかけられた。そのたびに「I'm from Japan」と答えた。多い日は1日5回ぐらいこのやりとりがあった。自分が日本人だということを、日々実感させられていた。なのに、私は日本のことをあまりに知らなかった。

先生との問答は続いた。

「『モルダウ』の最初のピチカートをどう思う」

ピチカートとは、弦楽器の弦をはじいて音を出すことだ。

「水滴の音でしょ」

あの曲の始まりは、飛び散る水滴を表していると習った。

「あれは、ひとりの母国を愛する人間が人を集めに行って、自分たちの国を取りもどす曲だ。途中で結婚式のシーンがあるのを知っているか」

「村の婚礼」のことだ。モルダウ川のほとりで結婚式が行われ、村人たちが祝福し、ポルカを踊る。

「あれは子孫を増やせという暗示だ。あの時代は身分・宗教・人種が同じじゃないと結婚できなかった。結婚するのに宗教が違ったら改宗しないといけない」

モルダウ川のさらに河口を下っていくと、夜になり川面には月の光が降り注ぎ、キラキラと輝く。太陽と月で光と影を表しているのだという。

「最後に歓喜の歌を高らかに歌う。スラヴ民族の賛歌だ。チェコを取りもどそうと、心を1つにする。モルダウ川は歴史の目撃者としてチェコを見守ってきた。それは侵略の歴史だった。スメタナが曲を書いた時代には独立と復活はしていなかったが、モルダウでは、スラヴが復活し独立した喜びが描かれている」

「先生、それはどこにも書いてないし、定説じゃないですよね?」

「でも、俺はそう思っている。俺たちはチェコ人だから」

1908年にボストン交響楽団による「わが祖国」を聴いたチェコ出身の画家アルフォンス・ミュシャ(チェコ語の発音だとムハ)は「スラヴ叙事詩」という20枚の絵を描いた。縦6メートル×横8メートルという巨大な絵にスラヴ民族の悲運の歴史が描かれている。

先生の独自の解釈は、作曲家や研究家のものとはだいぶ異なる。先生は「モルダウ」をチェコ人のDNAに訴える曲だと言っている。作曲家と同じ民族の生の声が聞けたことは、私にとって実に貴重だった。

曲に秘められた本当の思い

先生と話して以来、ドヴォルザークとスメタナの曲への解釈と演奏が変わった。「新世界より」は、夜明けから日暮れまで——生まれてから死ぬまでを交響曲の中で表したのではないか。

第4楽章の最後の速いところは、以前はカッコいいと思って聴いていた。でも、後ろでコラールが鳴っていると知ってからは、全然違う音楽に聴こえてきた。聴いているとぞくっとする。もしかしたらドヴォルザークは「根本に愛を持て」「人間の心が大事だ」と訴えているのではないか。私はそう感じるようになった。

「モルダウ」のメインの悲しいメロディはいろいろな想像力を掻き立てる。川の近くでの結婚式ではみんなが楽しく踊っている。最後はまたメインの悲しいメロディだが、もの悲しい短調で始まったメロディが明るく力強い長調に変わる。短調から長調に変わる瞬間、人間のエネルギーが最大限に爆発できる瞬間、自分たちのすべての希望はここにある。

先生が言ったように、人生には光と影があるが、困難に陥っても、希望の光が差す。それを表したのがこの曲なのかもしれない。

どの曲だって聴く人がそれぞれ好きなように聴いてかまわない。聴くときの心理状態によっても違って聴こえるかもしれない。

でも名曲の中には作曲家の強い思いやテーマがあり、背景がある。それを知っているのと知らないのとでは解釈が違ってくる。

名曲は名曲と言われるだけの理由がある。演奏される機会も多いから、何度も聴くことがあるかもしれない。聴き飽きたという人がいたら、上っ面しか聴いていないのではないか。

聴き馴れるのも、弾き馴れるのもよくない。音が合っている間違っているということより、聴く方も弾く方もフレッシュな気持ちでいることが大事だ。

私は、楽譜には書かれていないこと、楽譜には書ききれなかったことを「妄想」しながら聴くし、弾く。

たとえばフリッツ・クライスラーの「愛の悲しみ」を聴いていると、ウィーンの古い石造りのアパートメントの屋根裏部屋が頭に浮かんでくる。夜、灯りは蠟燭だけ。一人の男が、意中の女性に愛の告白をしようか、しまいか悩んで部屋をうろうろしている……。

などと、自分なりの物語を思い描き、弾いてみる。楽譜を見てただ弾いていたときよりも、表現が深まっていることに気づく。

妄想した物語を語ることで、より音楽がわかりやすくなるのでは、という思いから、ステージ上からお客様に話をすることもある。そういう曲の聴き方もあるし、それぞれが自分の中に物語を広げてくれたらそれでいい。

妄想力を育てよ

異国から来た18歳の私に、先生は真顔で持論と「妄想」を語ってくれた。堅い話ばかりではなく、「あの作曲家はどんな性癖があったか知ってるか?」などと、イタズラっぽく尋ねてきたりもした。

もちろん知らない。先生だって知っているわけはない。でも、あたかもその時代に行って見てきたかのように言うのが面白かった。

クラシック音楽界の有名な「三角関係」といえばロベルト・シューマンとその妻クララとヨハネス・ブラームスの関係が挙げられるだろう。ブラームスは、作曲家として尊敬するシューマンの妻、クララと惹かれ合っていた。シューマンもその事実を知っていた──と語られることがある。

音楽史の先生は3人の関係について「おまえはどう思う？」と聞いてきた。そのときはなんと答えたかは覚えていないが、それ以来、私は自分なりにいろいろと考えてみた。


クララは8人の子どもを産んだが、1番下のフェリックスはブラームスの子どもだという説がある。だが私は「違う」という結論に達している。なぜか。

シューマンが最後に書いたピアノ曲の原題「Geistervariationen」（日本では「天使の主題による変奏曲」という名称で呼ばれることが多い）から考えてみたい。

1854年、シューマンはこの曲の作曲中、幻覚や幻聴に悩まされていて、書いている途中でライン川に身を投げた。助けられて何とか一命をとりとめ曲を完成させたが、その後すぐ精神科病院に入院する。

このときクララは妊娠6カ月。シューマンが最後に書き上げた曲は表に出してはいけないと封印した。4カ月後に四男フェリックスが生まれた。

フェリックスは父親に会ったことがない。彼が生まれたときにはすでに入院していたし、数年後に亡くなっている。フェリックスも20代で病に倒れる。ヴァイオリン・ソナタ第1番の作曲中だったブラームスはフェリックスを元気づけるために第2楽章の冒頭の楽譜を手紙で送った。手紙が届いたのは、フェリックスが24歳の若さで亡くなった後だった。

楽譜を見たのは、息子の死に心を痛めていたクララだ。その曲はシューマンの遺作「Geistervariationen」とリズムと調性が一緒だった。クララは「この曲を天国に持っていきたい」と述べたという。

ブラームスはなぜ、フェリックスにその楽譜を送ったのだろう。「あなたはお父さんに会っていない。でもあなたのお父さんは天国で見守っているから、がんばれ」というメッセージではないだろうか。フェリックスに父ロベルト・シューマンを感じさせようとしたのではないか。

もともとシューマンとクララとブラームスの3人は音楽で秘密の会話をしていたらしい。

シューマンは音符を文字に当てはめて秘密の意味を忍ばせた。ドレミファソラシドはドイツ語で「ＣＤＥＦＧＡＨＣ」。シューマンは自作の曲にこれらの音を使って愛情表現をしていた。「クララのモチーフ」とも「クララ・コード」とも呼ばれるのだが、ブラームスも「クララ・コード」を潜り込ませていたともいわれている。

そういう遊びをずっとやっていたから、ブラームスのこの曲も、リズムと調性が合っているということは意味があるのではないか……と、クララは考えたのではないか。

以上が、「名探偵コナン」……いや、「おしりたんてい」になった気分で推理した私の説だ。余談だが、学生相手に曲の解釈の話をするときに「シャーロック・ホームズの気分で」と言っても通じなかった。私が子どもの頃にテレビでやっていた「名探偵ポワロ」などと言ったらさらに通じないだろう。ということで、探偵の名前を出すときはコナンにしたのだが、さらに小さい子どもが相手のときは「おしりたんてい」がいいのかもしれない。

子どもたちが「しつれいこかせていただきます」とおしりたんていの決め台詞を言い出したときは、こちらの頭がハテナマークでいっぱいになってしまったのだが……。

話を戻すと、クラシック音楽の研究者からしたら「何言ってんだ、こいつ」と思われるかもしれないが、解釈は人それぞれ。ただ、私は作曲家に近づきたいという思いで、ブラームスの気持ちを考えてみた。ゴシップのような話題の中にまともな話が隠れていたりする。妄想力を働かせるのも大切だ。

真相は、いつか天国でブラームスに会ったときに聞いてみるとしよう。このほかにも、偉大な作曲家たちに天国で会ったときの質問リストはたくさんある。

別に誰に話すわけでもないし、解釈を強要するわけでもないけれど、最近になってピアノ科の子どもたちに「ブラームスの『ヴァイオリン・ソナタ第1番』がどういう曲か調べて、推察を聞かせてくれ」と、宿題を出してみた。

「ブラームスは何かのモチーフを感じて書いたかもしれないよ」とヒントを添えると、ふたりの弟子が私と同じ結論に達した。なんだか嬉しくなり、ふむふむとうなずいたものだ。

ウィーンをより理解するためのワルツのレッスン

「今日ヒマ？」

ウィーン留学中のあるとき、オーケストラ仲間のオーストリア人に聞かれた。

「ヒマだよ」

「じゃあ、車に乗って」

「どこ行くの？」

「まあいいから」

彼が私を連れて行ったのは街角のダンススクール。ここでワルツを習ってこいという。

「え、なんで？」

「おまえ、ワルツを踊れるか？」

踊れるわけがない。私が踊れるのは盆踊りぐらいだ。

「だったら、きちんと型を覚えてこい」

彼は言う。ワルツはウィーンの伝統的な踊り。結婚式などのおめでたい席でもワルツを踊る。日本人が合いの手で「よいよい」ができるのと同じで、ウィーンで生まれ育った彼らはワルツの感覚を身につけている。一般的には15歳から学校で習い、21歳で社交デビューする。

そんな彼らからすると、私がウィーンの文化を理解するためには、ワルツを踊れた方がいいということだったのだ。ワルツを弾くときに、ウィーン育ちでないとうまく表現できないタイミングがある。ワルツが体に入っていないと弾けない。たしかに日本人の三々七拍子もそうだ。私たちは小さい頃から何度も聞いているし「お手を拝借！　よーおっ！」と声をかけられたら自然にできるが、いきなり外国人にやってみろと言っても、意外にタイミングの取り方が難しいらしい。

というわけで、私はダンススクールに入れられた。スクールといっても古いビルの2階にある、街のおじいちゃんおばあちゃんの社交場だ。

まず私の足もとに新聞紙を敷き、型通りにテープを床に貼り、そこに立てと言われた。

「四角形の右端に立って、次に左の端に足を置いて……」と、足さばきの練習が始まった。

「音も合ってるし、リズムも合ってるし、間違ってない。でもなんか違う……」

教えてくれる人は首をかしげていた。たとえば、海外で食べたお寿司のように、うまく説明できないのだが、決定的に何かが違うらしい。

とはいえ、何度か通っているうちにだいぶ上達した。ワルツを踊れるようになって演奏がどう変わったかは自分ではわからない。でも弾いていて楽しくなったのは事実だ。

ワルツの調べには美しさ、楽しさ、華やかさ、そして、哀愁がある。さらにオーストリア人の心に訴えかけ、奮い立たせるものがある。

ウィンナ・ワルツの中で人気が高い「美しく青きドナウ」。最初に出会ったのは小学校3年生か4年生の頃。どこかの音楽祭に出たときに子どもたちで楽しく弾いた記憶がある。

その後「トムとジェリー」で、トムがこの曲をピアノで演奏し、ジェリーが踊るシーンがあった。「あのときの曲だ!」と思い出し、大好きになった。

16歳でヨーロッパに渡航したときに、テレビやラジオをつけると、この曲が繰り返し流れてきた。番組と番組の間のすき間時間に冒頭のメロディが流れて時間稼ぎをする。面白いな、と印象に残った。

オーストリアの友人は「この曲は私たちにとって第2の国歌」だと教えてくれた。音楽には「希望」、「勇気」、「憧れ」という3つの要素がある。まさにこの曲はオーストリア人の「希望」だった。

1866年、ハプスブルク家の統治するオーストリア帝国がプロイセンとの戦いに負けた。落ち込む人々を鼓舞するためにこの曲が書かれ、のちに国民たちは敗北から立ち上がり、今日のような復興につながり、今の美しい光景がある。

「希望のあるところに絶望はない」

キリスト教の教えを、この曲が教えてくれている。

第3章

北九州が「人生の流儀」を育んでくれた

ヴァイオリンが弾けるようになると、
世界中の人と友だちになれる。

故郷、小倉はイタリアの港町？

私は、1963年に長野県松本市で生まれた。母の生まれ故郷だ。だがその後すぐに、父が生まれ育った福岡県北九州市の小倉に引越して、そのまま小倉で育った。私の原点であり、自分の本当の居場所だ。

私は18歳でヨーロッパに渡って以来、故郷で暮らしていない。だからこそ、自分のルーツをとても意識している。小倉の街は、いつも私の心の中心にある。

そう言うと、さぞ美しい場所なのだろうと思われるかもしれない。たしかに平尾台を駆け回ったり、海や川へ釣りに行ったり、自然の中で遊ぶのも楽しかった。でも、故郷の景色として最初に浮かぶのは、街にいる「酔っ払い」たち。

当時の北九州は日本有数の工業地帯で、海岸線沿いには工場が立ち並んでいた。日本最大規模の官営製鉄所として栄えていた八幡《やはた》製鐵所があり、私が生まれた1960年代には、従業員も数万人はいただろう。

製鉄所は24時間火を止めてはいけないので、勤務は3交代制。朝昼晩と製鉄所で勤務を終えた人たちが街に繰り出す。立ち飲み屋や居酒屋も朝から営業していて、彼らの憩いの場となっていた。

北九州市は「新仁義なき戦い」シリーズの舞台になったり、「無法松の一生」「青春の門」「修羅がゆく」などの映画や、昨今のド派手な成人式が有名だったりと「柄が悪い」印象がある。

でも、私にとっては「情が深い」街。酔っ払いたちだけではなく、変な大人たちがいっぱいいいた。変だけれど、陽気で気のいい人が多かった。

製鉄所の作業は危険だから、結束力が固い。ケンカもするけれど、基本的に仲間意識が強かった。街のどこかでもめごとがあれば、警官を呼ぶ前に誰かが仲裁し、収める。火事が起きたら駆けつける。彼らの目があるから空き巣の心配もない。常に人の目があるという点では、絶妙に秩序が保たれていた。

子どもが悪さをしていると「やめろ！」と一喝された。でも、困っていれば助けてくれた。陰湿ないじめがあまりなかったのも、彼らの目があったおかげだろう。「怖いおっちゃん」ではなく、子どもから見たらむしろ「正義のおっちゃん」たち。

大人が昼間からお酒を飲んで陽気に騒いでいるのは、イタリア人と同じ。小倉は「日本のシチリア」ではないかと、ひそかに思っている。シチリアはアフリカとイタリア半島の間にあって、地中海の十字路として古代から文明が栄えた。北九州市も色あいが違う五つの市（門司、小倉、若松、八幡、戸畑）が、私が生まれた年に合併してできた都市で、もともと多様性がある土地だ。海が身近で陽気でおしゃべりな人が多いという点もイタリアの港町と似ている。「北九州＝シチリア説」は、私だけの持論のつもりだったが、数年前、北九州国際音楽祭に海外から招待された指揮者や演奏家を父に紹介したときに「マロのお父さんはイタリア人か？」と驚かれた。

父は外国人でも物おじせずに「やあ、何か食べてきたかい？　お腹は空いてないかい？」と、子どもの相手をするように北九州弁で話しかける。それでもなぜかコミュニケーションが取れているから不思議だ。

イタリアに行くと、現地の人たちは通じなくてもイタリア語でガンガン話してくる。「わからないよ」と言ってもおかまいなし。

小倉の酔っ払いたちも、子どもだった私が意味がわからないことを延々と話しかけてきた。こっちもこっちで、興味のある話はちゃんと聞いていたけれど、適当に聞き流していることも多かった。

故郷での経験があったので、後に海外に行ったときに言葉が通じなくても、それほど動じなかった。そもそも通じなくてあたりまえ。向こうが現地の言葉を話してくると、こっちも日本語で対応して、それでも不思議と通じ合えることもあった。だからこそ、人とのコミュニケーションは楽しい。

ヴァイオリンを弾くのは歯磨きと同じ

両親は長年にわたり、北九州市で音楽を通じた幼児教育教室を開いている。父も母も80代後半だが、いまだに現役だ。

二人は「才能教育」で有名な音楽教育家の鈴木鎮一先生が戦後すぐに開設した「松本音楽院」で、音楽を通じて人の心を豊かにする教育法「スズキ・メソード」を学んだ。「ヴァイオリンを弾くことはけっして特別な才能ではない。言葉を話

2018年10月に、たまたま両親と

すのと一緒で、誰だって3歳からやれば楽しく音楽と接することができるようになる」というのが鈴木先生の信念。父の教え方も、「教える」のではなく「育てる」だ。

　幼い頃からヴァイオリンを習っていたというと、英才教育を受けたと思われることが多い。モーツァルトの父親は息子の才能を見出し、厳しく教育し、宮廷社会に売り出した。音楽を志すイコール親が厳しく指導するという印象があるのかもしれない。

　だが、父と私の関係はまったく違った。

我が家にはあちこちにヴァイオリンが置いてあった。ベビーベッドの中にも置いてあったらしい。私はおもちゃと同じように、好きなように触り、時にかじったりしながら遊んでいた。

初めてヴァイオリンを構えたのは1歳11カ月の頃。教室に習いに来る子どもたちの真似をして一番小さい16分の1サイズのヴァイオリンを顎にはさみ、台の上に立っておじぎをしたという。

両親を含め、周りにいた人たちが盛り上がり、大きな拍手を送ってくれたのだろう。それ以来、スリッパやタオルを顎にはさんで上機嫌だったらしい。

両親の教室では年に4回の発表会がある。そのうちの3回は一人で弾き、残りの1回は合奏。生徒のおにいさん、おねえさんたちがステージ上に立っているのを見た私は、オープンリール（今の人はわからないかもしれないが、磁気テープがむき出しのままリールに巻かれているもの）のテープレコーダーの上に乗り、ヴァイオリンを構えて待っていた。自分も高いところに上って構えれば、拍手を

1歳11カ月で初めてヴァイオリンを構える

もらえると思っていたのかもしれない。
その後、3歳でヴァイオリンを始め、私も発表会に出るようになった。一人で弾いて拍手をもらうのも嬉しかったが、年1回の合奏が好きだった。年上の生徒たちも、大人たちも、自分が3歳で弾いた曲を一緒に弾いてくれる。小さな自分でも、大人と一緒に音を出して一つの曲を演奏できることがすごく嬉しかった。みんなで演奏することが楽しいと感じたのは、このときが最初だろう。

うちに訪ねてくるのは、ヴァイオリンを習いに来る人ばかりだった。庭で飼っていた犬も、楽器のケースを持っている人には吠えなかった。私は幼稚園に入るまでは、人間はみんなヴァイオリンを弾くものだと思っていた。

家ではいつもヴァイオリンの音が鳴っていた。私にとってヴァイオリンを弾くのは歯磨きをするのと同じ感覚だった。歯を磨かなかったら気持ちが悪いように、一日でも楽器を触らないと気持ち悪かった。

動物園の象の檻の前でヴァイオリンを披露

母はそれなりにきちんと教えようとしたようだ。厳しくはなかったけれど、毎日弾くという習慣がついたのは母のおかげだろう。父はただただ自由に弾かせてくれて、歩きながら弾いても怒らなかった。私がヴァイオリンの中にかっぱえびせんを入れてカラカラ鳴らしていても、父は笑っていた。

「ヴァイオリンが弾けると世界中の人とお友だちになれるよ」

両親はよくそう言っていた。

だったら動物ともしゃべれるだろうか。4歳の頃、動物園に行くときにヴァイオリンを持っていき、象の檻の前で弾いてみた。象は何も反応してくれなかったらしいが、記憶にない。両親が幾度となく披露する定番の笑い話だ。

ただ、なぜ象の前で弾いたのか、そのときの自分の気持ちが少しわかる。象は動物園で一番大きいからだ。テレビでウルトラマンやウルトラセブンを見始めた時期だったので、大きい動物を怪獣だと思っていたのかもしれない。

我ながらアホだなあと思うが、両親は止めなかった。飼育員も止めないのだから、おおらかな時代だ。

両親は「象にヴァイオリンがわかるわけないだろう」とか「恥ずかしいからやめなさい」などとはけっして言わない。大人は結果を知っているから、つい先回りしてしまうが、子どもにはいろんなことを経験させた方がいい。

うちの両親は、プロの演奏家を育てるために教えているわけではなかった。あくまでも専門は幼児教育。子どもたちに音楽を楽しんでもらいたいと願っていた。実際、うちに習いに来た人たちは、別の職業についても、アマチュアとして楽器演奏を続けている人が多い。

「この子をヴァイオリニストにさせたいんです」と主張する親に、うちの父はこう言っていた。

「子どもは3歳までに十分親孝行が終わっている。生まれてから3歳まで、あなたは子どもがかわいくてなめまわしたり、着せ替え人形にしたり、いっぱいおもちゃにして楽しんだでしょう。でも子どもにも自我が芽生える。意志を持つようになる。これからあの子はあの子自身のために育っていくんです」

両親が私を音楽家にしたかったかどうかはわからない。だが、将来のことは何も言われなかった。

「そんなことってあるんですか?」とよく言われる。家が音楽教室なので、たしかに音楽家になるための環境は整っていた。でも親からは何も制限されなかったし、強制されることもなかった。

「練習しないとうまくなれないよ」と、厳しく言われていたら、私の性格上、反抗してやらなかっただろう。練習を放っぽりだして外に遊びに行ってしまったにちがいない。

長所が短所をパカっとくるむと、個性になる

動物園で演奏した話は、両親から何度聞いたかわからない。だがもうひとつ、今でも親戚が集まると毎回のように語られるエピソードがある。

幼稚園の授業参観の日、両親は教室の壁に貼ってある園児たちが描いた絵を見ていた。テーマは「猫」。みんなかわいい猫の絵を描いているけれど、一人だけ画用紙いっぱいを3色に塗りつぶし、鉛筆か何かで細かい線を無数に描いただけの絵があった。

「あら、この子だけどうしたのかしら」と、母が名前を見ると「しのざきふみのり」と。父は大爆笑だったらしいが、母は心配になり、先生に尋ねた。

先生は両親に、猫の絵を描いた日のことを説明した。先生は、私だけが猫の顔を描いていなかったので「猫ちゃんの絵は難しかった？」と尋ねたという。

「ううん。この紙が小さくて入らなかった」

私は自信満々に答えたという。モデルとなった猫を誰よりも長い時間触っていた私は、モフモフの手ざわりを表現したかった。猫の毛の感触を描こうとした結果、全体像が画用紙に入らなかったのだ。

先生は私の話を聞き「素敵ね」とほめ、みんなの絵と一緒に壁に貼ってくれた。「もう一度、猫をよく見て描き直してみましょうね」などとは言わなかった。

あのとき、もし先生に「ふみのりくん、これは猫じゃないでしょ」と否定されたり、描き直させられたりしていたら、その後の私の人生は変わっていたかもしれない。今は名前も覚えていないが、その先生には感謝している。再会できたらぜひお礼を言いたい。

子どもに失敗させたくない。もっといい方法を教えてあげたい。

親や教師が子どもに対してそう思うのはわかる。でも、子ども自身が自分で考え、自分が行動を起こしたことで達成感を得ることが大切だ。親をはじめとした周りの大人にコントロールされてやってもあまり意味がない。

猫を描けといったら正面から猫の顔を描かなくてはいけないとか、猫とわかるように描かなくてはいけないという決まりなどない。「子どもが描く猫といえばこういう絵」と、大人の頭が凝り固まってしまっているだけだ。

楽器を習わせる親はどうしても「練習しなさい」と口うるさく言いがちだ。でも親にやらされて弾いていても楽しくない。楽器が嫌いになってしまう子どもも多い。

日本は勉強にせよ楽器にせよスポーツにせよ、大人が先回りして答えを教えがち。小学校受験のための塾では、面接のマニュアルまで教えると聞いたことがある。ヴァイオリンのコンクール向けのレッスンをする先生もいるらしい。

ヨーロッパや南米のプロサッカー選手たちは、子どもの頃からサッカーが好きで、憧れの選手と同じ技を身につけたいと、毎日ボールを蹴っていたのではないか。私がライダーキックの練習をしていたように、必死になって朝から晩まで練習する。そこにはワクワクがある。

「いいか。欠点は知っていればいい。大人になっても直るものじゃない。一生直らない。だけど、どんな短所なのかを知ってないといけないし、自分で気を付けてないといけない。それとは別に長所がある。長所は自分で伸ばしていかないといけないし、自分の長所を知っているとそのスピードは光の速度より速くなる。伸びて伸びて、その長所が短所と言われているものをパカっとくるむと、個性という名前になる。だから悪いところは直さなくていい。いいところを伸ばして、あとは好きにしろ」

これは父の持論だ。

父は練習をしろとは言わないが、やり始めると「途中で投げるなよ」とぼそっと言う。そう言われると、負けず嫌いなので、絶対に途中で投げるもんかと練習する。つまり、うまい具合にてのひらで転がされていたわけだ。

思い出の黄金市場と旦過市場

子どもの頃、母に手を引かれて黄金《こがね》市場に買い物にいった。近くにはスーパーマーケットもあったけれど、私は長屋式の店が立ち並んでいる市場が好きだった。

市場に並ぶ店はどれも専門店。牛肉や豚肉を売る肉屋。卵、鶏肉を売るのはかしわ屋。ホルモン屋や焼き肉店。かまぼこなど練り物を売る店や乾物屋、総菜屋、くじら屋。ナマズ、カエル、ウナギ、鯉などの食材を売る店もあった。

「今日の魚は活きがいいよ！」「野菜がお買い得だよ！」と、客に声をかけ、ときには客の腕を引っ張るようにして、気を引こうとする。私が興味深そうにやりとりを見ていると「坊やもやってみるか」と、呼び込みの真似ごとをさせてくれたこともある。


一人で外に出られるようになると、すこし遠くの旦過《たんが》市場に遊びに行くようになった。旦過市場は川に張り出すようにして、店がずらりと並んでいる。お肉屋さんの前を通ると呼び止められ、パッケージに絵の描いてあるソーセージをくれた。実はソーセージ目当てで行っていたので、もらえるとものすごく嬉しくて、かじりながら歩いた。お菓子屋さんじゃない店も、子どもにあげるためなのか、よくお菓子をくれた。

一人で歩いていると、次々に「食べていきな」と声がかかった。あるとき、食用カエルの唐揚げを食べていけと言われた。「いらない」と断っても、無理やり「食べてみろ」と渡される。おそるおそる口に入れると、おいしかった。

そのうちにお小遣いでうどん屋に入るようになった。素うどんを注文し、手に持って商店街を歩くと、揚げ物や練り物を次々にのせてくれた。旦過市場はお腹がいっぱいになる場所というのが、私の認識だった。

市場の人たちはとにかくみんな「おせっかい」だった。お腹が空いていないかと世話を焼いてくるし、元気がないと「どうした？」と尋ねてくる。子どもの頃は、街にいる知らない人と話すのがあたりまえだと思っていた。

今の私を作り上げたのは旦過市場と言っても過言ではない。私がどこに行っても物おじせず、誰とでも話せるのは、市場の人たちをはじめ、小倉のおせっかいな大人たちのおかげだろう。家から一歩出れば、必ず誰かが声をかけてきた。

通学路でも「汗かいてるなら、ちょっとお茶飲んでいけ」などと声をかけてくるので、しょっちゅうご近所にあがりこんでいた。お年寄りが繰り返し話す昔話や戦争体験もよく聞いた。そういう時間が好きだった。

うかつに街の子どもに声をかけることもできなくなってしまった現代では、もう見られない光景なのかもしれない。

ヒーローになりたい

1966年、3歳のときにテレビで「ウルトラマン」が放送され、1年後に「ウルトラセブン」の放送が始まった。ウルトラマンの敵は怪獣が多かったが、ウルトラセブンの敵は知能を持った宇宙人。地球は頭のいい宇宙人に狙われているという設定だった。4歳の私には実に新鮮で、すぐに夢中になった。

ウルトラ警備隊にももちろん憧れたが、宇宙人にも強く惹かれた。子どもなりに考えさせられた。

当時の私の夢は、ウルトラセブンになること。布団の上で横たわってウルトラセブンが空を飛ぶときと同じポーズをとり、練習に励んだ。

その後、ゴジラシリーズの映画を観に連れて行ってもらい、ゴジラに夢中になる時期を経て、1971年、小学校2年生のときに「仮面ライダー」の放送が始

舞台上でゴジラと
ウルトラセブンと

まった。次なる将来の夢は仮面ライダー。仮面ライダーになるためにはバイクに乗らなければならないが、子どもなのでとりあえずは自転車だ。

　幼稚園の頃からクリスマス前には「サンタさんにお手紙を書きましょう」と言われていたので、ひたすら「サンタさん、仮面ライダー自転車をください」と手紙を書いた。手紙と言っても便箋《びんせん》じゃない。チラシの裏など、家にあるありとあらゆる紙に書いてはポストに投函した。もちろん切手も貼らずに。相当迷惑な子どもだ。

クリスマスに念願の仮面ライダー自転車をゲット。せっせとペダルを漕いで練習したものだ。ちなみに仮面ライダーになる夢はあきらめてもバイクへの憧れは持ち続け、16歳の誕生日を迎えるとすぐにオートバイの免許を取得した。

ウルトラセブンは何度も再放送されたが、好きすぎてテレビの前にラジカセを置いて録音していた。一般家庭向けのカラーのビデオテープレコーダーが発売されるのは1975年。まだ何年か先のことだ。テレビのライン出力や、テープレコーダーのライン入力はないので、レコーダーの録音ボタンを押したら、雑音が入らないように静かにする。途中で家族に話しかけられたり、電話がかかってきたりするとその音も録音されてしまうので、細心の注意を払っていた。

録音したものは一週間後の放送日まで何度も何度も再生した。再生しながら目を閉じて、頭の中で映像を再生する。

録画機器がある時代に生まれた人は「映像がないなんてつまらない」と言うかもしれない。でも当時の私には録音して再生するのが至福の時間だった。

「ウルトラセブン」の最終回ではシューマンのピアノ協奏曲が流れる。当時はセブンの曲だと思っていた。ピアノの音が流れる中、モロボシ・ダンがアンヌ隊員に自らの正体を告白する。テレビ画面に全神経を集中させ、食い入るように見ていた。

ダンがアンヌに「僕はウルトラセブンなんだ」と打ち明けるシーンにシューマンの曲を使ったということは、シューマンがクララに自分には精神障害があると打ち明けたこととリンクさせたのだろうか。「ウルトラセブン」の音楽監督の冬木透がそこまで考えていたとしたら、さすがだ。

今でも演奏会でシューマンのピアノ協奏曲を弾くと、第1楽章を終えたときに、あの最終回のシーンがよぎり、ウルトラセブンが空を飛んでいくときのタイミングで、周りに聞こえないように小声で「ヤー」と言ってしまう。

第47話「あなたはだぁれ?」は、地下に建造した宇宙人基地と地上の地球人の団地を真夜中に入れ替えるという斬新な設定。今でも鮮明に覚えている。セブンが宇宙人を倒した戦闘シーンの最後で、敵の宇宙船団を殲滅《せんめつ》したホーク1号・3号が帰還するシーンでヨハン・シュトラウスⅡ世の「皇帝円舞曲」が流れる。

後になってこの曲を聴いたときは「ウルトラセブンの曲だ！」と思った。それぐらいあの曲は印象的だった。

今でもその2曲を聴くと、一瞬で幼稚園児に戻る。そもそも周りからは「永遠の5歳児」と言われているので、いつもと変わらないのかもしれないのだが。

釘さし、ビー玉、ろくむし、虫取り……遊び三昧の日々

子どもの頃の私は、ほかの人が一時間かけて練習する曲を、十分で終わらせるにはどうしたらいいかを考えていた。とにかく早く終わらせて友だちと遊びたかった。ランドセルを置いて外に飛び出し、学校の校庭を目指す。行けば必ず、友だちがいた。

ヒーローに憧れ、毎日友だちと外で遊ぶ。カブトムシやカマキリを採ったり、毎日やりたいことをやって、子どもなりに充実した日々を送っていた。

校庭の隅でよく遊んだのが釘さし。道具は家から持ち出した釘や、道に落ちて

いた釘。先端がとがっているものなら釘でなくてもいい。地面に釘を刺し、ルールに従って線を引いていき、相手の出口をふさいでいくという、昭和ならではの遊びだ。拾った釘を磨いてピカピカにするだけでも、小学生の男子はじゅうぶん楽しかった。

給食の牛乳瓶についていたフタを集めて息を吹きかけてひっくり返すという遊びもあった。「パ」と言ってひっくり返すので、この遊びは「パ」と呼ばれていた。今のようには物がない時代だが、子どもはいくらでも遊びを思いつくものだ。

ほかにもビー玉、ろくむし……毎日、日が暮れるまで夢中になって遊んだ。ろくむしは地面に丸をふたつ描いて、鬼が投げるボールに当たらないように丸から丸へと移動する遊び。片道移動するのが「半むし」。往復して「いちむし」。6往復できればゲーム終了だ。

小学生の頃、叔父が博多でレッスンをするというからついていって、そこで会った同年代の子たちに「ろくむし、やろう」と言ったけれど通じなかった。地方によって呼び方が違うようだ。

男子の間では一時期「カベチョロ」採りがすごく流行った。九州の方言で、東京でカベチョロと言っても通じなかったのだが、ほかの地方でいうカナヘビに近い形状だ。

カベチョロを捕まえ「象がふんでもこわれない」筆箱（1960年代、象が踏んで強度を証明するCMでヒットしたポリカーボネイト製の筆箱）に入れておく。超合金シリーズがまだ出ていない時代の私たちにとっては、捕まえた虫が怪獣や怪人がわり。しっぽが長い爬虫類はゴジラ。蜘蛛は怪獣クモンガ。ザリガニは怪獣エビラ。カブトムシの幼虫はモスラ。モスラはなかなかレアだ。見つけたら仲間に自慢できる。

学校の休み時間に校庭に採りに行き、捕まえた虫を大事に教室に持ち帰り、左手で触りながら右手で給食を食べる。女子にはもちろん気持ち悪がられ「ちょっと男子〜」と、軽蔑される。

あるとき、男子全員で山に行き、採ってきたカマキリの卵を8つ、牛乳瓶に挿して窓際に置いておいたら、そのうちの5つが給食の時間に卵から孵《かえ》った。小さいカマキリが無数に出てくる。

「カマキラスが出てきた！」

カマキラスとはゴジラシリーズに登場するカマキリをモチーフとした怪獣の名前なのだが、男子は大興奮。女子は「キャー！」と悲鳴を上げて、教室はお祭り状態の男子と阿鼻叫喚《あびきょうかん》の女子という、大パニックになった。

学級委員長だった女子に、帰りの会で「篠崎くんがカマキリ持ってきたから」と、やり玉にあげられた。私だけではなくほかの男子たちもやっているのだが、どうやら悪目立ちするタイプだったようだ。

独特な父の教育法あれこれ

サンタクロースから仮面ライダー自転車をもらったとき、もう一つ大きな袋があった。中に入っていたのは自分の背丈と同じぐらいの巨大なヴァイオリン。「これはヴァイオリンの親分です」というサンタさんからのメッセージがついていた。親分となればやっつけなくてはいけない。単純な私はすっかりやる気になり、練習した。

実は、これはヴァイオリンではなくチェロだった。その後5年ぐらい、ヴァイオリンと並行してチェロも練習した。最初は子ども用だったけれど、最終的に大人用のフルサイズになったとき、チェロを持っての移動がたいへんになった。今はもっと軽いものもできているけれど、13歳だった当時のハードケースは7キロほどだった。

チェロは8歳下の弟、由紀《ゆうき》が5歳だったときにあげることにした。幸い、彼は気にいったようでめきめきと上達し、後にプロのチェリストとなった。

両親は相変わらず、練習しろとは言わなかったし「どこそこのなになにちゃんはこの曲弾けるから、あなたも頑張りなさい」などと比較したりもしない。

私と弟も育て方が違ったようで、弟は桐朋学園大学音楽学部を出て、その後ウィーン市立音楽院を経て、ドイツ国立トロッシンゲン音楽大学を卒業している。弟の方が丁寧に育てられているのでは？　という気もするが、それぞれの個性に合った育て方だったのだろう。

子どもの頃、練習がうまくいかなくて頭がぐちゃぐちゃになっているときに、

子どものときにチェロを弾く私

大人になって子ども用のチェロを弾く私

ふと気づくとテーブルの上にさりげなく音階教本が置いてあったりした。

「なるほど。パガニーニは音階でできあがっているのか……あれ、一緒やん。音階さらえばこれ弾けるようになるやん」

と、気づく。教本は父か母が置いておいてくれたのだろう。知らん顔しながらも、親は私のことをよく見ていた。

父は、将棋やカードゲームなど、人との駆け引きを楽しむことが好きだった。私に練習させることもゲームの一環として楽しんでいた。

　私に新しい曲の楽譜とお金を見せて、たとえば「チャイコフスキーのコンチェルト、2週間でどうだ？」などと尋ねてくる。父が決めた期限で弾けるようになれば報酬がもらえる。2週間を超えてしまえば、逆に罰金を払わないといけない。目の前にニンジンをぶら下げられている状態だ。父はいつだって、私の好奇心や競争心をくすぐるだけくすぐった。

　もちろんお小遣いが欲しいし、もともとが負けず嫌いなので受けて立つ。でも相手はプロ。「史紀の実力ならこの曲をマスターするにはこれぐらいの期間かかるだろう」と、わかっている。たとえば「2週間でどうだ？」というときは、2週間はきついけど3週間あればできるという、ギリギリのところをついてくる。

　父はポーカーや花札も好きだった。ヴァイオリンを弾いていた叔父も一緒にやった。

　子ども相手なのに、父も叔父も勝負には容赦ない。手加減もしない。平気で高度な作戦を仕掛け、欺《あざむ》いてきたりする。

でも負けた悔しさは意外にすぐ忘れ、駆け引きをするときのドキドキした気持ちや、勝ったときにアドレナリンがあふれる感覚を覚えた。

どんなに勝っていても、調子に乗って一歩歯車を狂わせると転落する。ベットの意味やベットするタイミングも教え込まれた。ここまでは楽しいけれど、ここから先は楽しくないという感覚も覚えたし、引き際の大切さも学習した。そのおかげか、外で博打をやりたいという願望はいっさいなくなった。

父独特の教育法で、私の性格には実に合っていた。とはいえ「よい子は真似しないでください」と、注釈をつけておかないといけないだろう。

アマチュア・オーケストラは私の「育ての親」

小学生の頃から、父がトレーナーを務めるアマチュア・オーケストラの北九州交響楽団の練習によくついていった。中学生になり、私を含め同級生5人で入団した。当時は北九州にはジュニアオーケストラがなかったので、大人のオーケストラに入れてもらったのだ。趣味で音楽をやっている社会人の集まりで、「先生」

と呼ばれるような立派な職業の人が多かった。

アマチュア・オーケストラへの入団は、私にとって驚きと感動の日々だった。自宅ではソロ演奏の勉強ばかり。両親の教室に来る生徒たちとのおさらい会があっても、鳴るのは弦楽器の音ばかり。管楽器や打楽器の音はテレビやレコードでしか知らなかった。それが全部鳴る。楽器ごとに楽譜が違うことも新鮮だった。

これまでは自分一人が弾ければよかった。でもそうじゃない。私はあくまでもオーケストラの中の一員。自分とほかのメンバーとの関わり合い、バランスを考えながら弾く……。

今までメロディしか体験したことのない私にとっては、周りで鳴るほかの楽器の音に、ワクワクが止まらなくなった。


クラシック音楽は「再生と伝承」なのだということも、初めて知ることになった。作曲家が書いた楽譜はまさに「魔法の書」。それぞれ、曲に込めた思想や哲学がある。その曲が作られた時代背景がある。小学生までは意識したことがなかったので、目から鱗《うろこ》が落ちる思いだった。

なぜ、偉大な作曲家のほとんどが交響曲作りを目標としたのか。なぜ数百年を経ても色あせず、繰り返し演奏され続けるのか。作曲家についてもっと知りたいと、好奇心が湧いた。

北九州交響楽団での経験がなければ、私はオーケストラに入って活動していなかったかもしれない。まさに北九州は私の「育ての親」だ。

オーケストラはみんなで作るもの。抜群の技術を持った人が一人いたとしても、その人の力でどうなるというものではない。うまく弾ける人もいるし、サポートが必要な人もいた。アマチュアなのだからあたりまえだ。「学生時代に吹奏楽部で演奏したことがあって」とか「独学でピアノをやっていました」とか。大事なのは技術じゃない。心から音楽を愛し、奏でることだと知った。

中学生の私が、音楽のことなら年齢など関係なく大人と話せたのもいい体験だった。当時は、親以外で周りにいる大人といえば学校の先生くらい。先生に何か言われたら「はい」と答えるしかない。先生と生徒は、決して対等ではない。上下関係に厳しく、目上の人は敬うというのが、当時の日本の風潮だった。

でもアマチュア・オーケストラだと、ベートーヴェンの話なら、12歳の子どもが父親よりも上の世代の大学教授とも対等に話せた。私と一緒に入った４人の仲間たちも演奏が上手だったので、みんなオーケストラにとけこみ、演奏するときは大人も子どもも関係なかった。父が言うように、ヴァイオリンを弾くことで、周りの大人たちと音で会話ができたのだ。

ただひとつ困ったことがあった。それは練習後に団員たちで街へ繰り出してお酒を飲むこと。私たち中学生は離れた席でジュースを飲み、食事をしていたが、大人たちはお酒が入るとハメをはずす。中には練習には出ないで飲み会から参加する人もいた。

そのうちにケンカが始まって、社会的には尊敬されるような職業の人たちがお互いの肉体の欠点を口汚く罵り合ったり……。「大人ってしょうがないな」「酔っ払いはみっともない」ということも、学ばせてもらった。

少年から大人への階段を上り始めた中学時代

中学生の頃、小倉駅そばのカレースタンドに足しげく通っていた。辺りはいわゆる歓楽街で、ストリップ劇場と一本すじ違いの道にあって、周りには風俗店も多い。中学生が歩くにはあまり好ましい場所ではないのだが、味がいいのでお気に入りの店だった。一人でフラッと行ったり、友だちと一緒に行くこともあった。メニューはカレーだけ。大盛りか普通か。ドリンクはビールとコーラ。

中学生になってからは体もどんどん大きくなり、周りの大人たちと変わらない体格の私は、いつも豪快に大盛りカレーを食べていた。常連だから、店主ともすっかり顔見知りだ。

あるとき、私が「カツカレーが食べたい」と言うと「邪道だ」と返す。そのうち、「俺のカレーを食えないのか」と怒り始めた。でも、カツカレーが食べたいと言い張ると「カツを買ってきて、勝手にのせて食べろ」とふてくされて言った。

そのうちに、店主から「こんな場所でうろうろしていないで、おまえを立派なカレー屋にしてやるよ。今日からカレーの修業をしろ」と言われるようになった。

どうやら後継者として見込まれたらしい。それからは中高6年間、毎回のように口説かれた。

「おい、修業はどうした」

行くたびに店主が尋ねてきた。そのたびに私は笑ってごまかしていた。一度、カレーの作り方を聞いたことがあるのだが、鍋を何時間もかき回さないといけないらしい。

ちなみに「カレーの龍」という店で、私が生まれた1963年創業。今も、ときどき顔を出す。

大人になってから顔を出すと、おかみさんが毎回「ヴァイオリンで立派になった人に、この人ったらカレー屋になれだなんて言ってね。あのときはごめんね」と声をかけるのがお約束になっていた。でも店主は「そんなこと言ったっけ？」ととぼけていた。今は代替わりしてしまったが、味はそのまま変わっていない。今の店主もしっかり何時間もかき回して作っている。ただ、カツカレーが新たにメニューに加わっている。

中学時代から通う「カレーの龍」の店頭に佇む

周りの大人たちとは仲よくしていたが、中学校の先生にとってはおそらく扱いにくい生徒だっただろう。

授業中に寝ていたり漫画を読んでいたりと、まったく不真面目な生徒だった。授業態度が悪いと怒られると「だって、先生の授業は面白くないんだもん」「もっと工夫したら、俺たちだってもっと興味持つんだけど」と言い返す。昔から、自分がワクワクしないことにはまったく興味を示さない。英語のテストにおかしな文字で書いて提出して「これは何語だ？」と怒られても「バルタン星人語です」と言い返してみたり。だって「訳せ」としか書いていなかったから。「日本語に訳せ」とはどこにも書いていない。

父はその頃、行きつけのスナックによく連れて行ってくれた。もちろん、私はご飯を食べるだけ。「これからはここでただで飯を食べてもいいぞ」と、父は言った。ツケというシステムを初めて知ったのはこのとき。

もちろん、父のツケなのだが、月末には私は父から取り立てられた。「親のふんどしで相撲を取るな」と父は言っていたが、謎の教育法だ。

開店前に行くと、控室でご飯を食べさせてくれるから、結構顔を出していた。スナックのママさんが「あら、来たの」みたいなノリで、ご飯を出してくれた。篠崎家では、スナックに行くのは、母も公認だった。でも友だちを連れて行ったのがバレて、さすがに先生と友だちの親に怒られたこともある。

でもうちの母は怒らなかった。そもそも父も母も「スナックはよくない」「歓楽街は行ってはいけない」という感覚がない。職業に対する偏見もない。水商売の人たちや、街にいるちょっと怖い人たちはやさしくて、私は好きだった。

北九州交響楽団で一緒にヴァイオリンを弾いていた叔父も「メシ食いに行くか」と、よく連れて行ってくれた。叔父は酒好きなので、角打《かくう》ちの店だったりする。「好きなもの食べていいぞ」と言うけれど、食べ物は乾きものぐらいしかない。店の人がほかの店から出前を取ってくれることもあった。

私の周りの大人たちは、子どもに合わせるのではなく、自分が行きたい店に連れて行く。私としてはお腹がいっぱいになる店がよかった。当時は「子どもが行きたい店に連れて行ってくれよ」と思っていたけれど、今、私が弟子を連れて行くときは自分が行きたい店に行く。

ある日のレッスン終了後、ちょうどご飯の時間だったので「メシ行くけど、一緒に行く？」と聞いたら「行きたいです」とのこと。その日のレッスンは女子学生だった。「何が食べたい？」と聞いたら「なんでもいい」と。私がその日、食べたかったのは焼肉だったので焼肉屋に連れて行った。

後日、別の女子学生に「○○ちゃんが先生に食事に連れて行ってもらったら、全身が焼肉臭くなったってぼやいてましたよ」と言われた。煙がもうもうと出る店だったので、服もバッグも髪の毛ももものすごく臭くなってしまったらしい。

「だって、なんでもいいって言うから俺が行きたい店に連れて行ったんだけど……」と言ったら、「マロ先生！　女の子の『なんでもいい』は『私がいいと思っている店ならなんでもいい』っていう意味です」「女の子を連れて行くときは、その子の服装をちゃんと見て店を決めてください」と怒られた。それなら「臭いがつく店だけはやめて」と言ってくれたらいいのに。

どうやら、私は、女子に怒られ続ける人生を歩む宿命にあるようだ。

００７、スター・ウォーズ……映画に心ときめかせる日々

小学校高学年ぐらいから映画館に行く楽しみを覚えた。当時の小倉の映画館は上映後の入れ替えがないから、朝に入館すると夕方までいられた。途中でお昼ご飯を食べにいってまた戻ってきても入れてくれる。

夢中になったのは００７シリーズ。ジェームズ・ボンドがたまらなくかっこよかった。ボンドは英国情報部のスパイ。コードネームは００７。ボンドのアタッ

シェケースの中に入っているスパイ7つ道具もいい。

　中でも、1974年に公開された「007／黄金銃を持つ男」の黄金銃に心を奪われた。ジェームズ・ボンドではなく悪役のフランシスコ・スカラマンガが愛用していた架空の銃で、その名の通り純金製。グリップはシガレットケース、銃身は万年筆、引き金はカフスボタン、本体はライター。組み合わせると銃になる。どうしても欲しい。私は段ボールと割りばしで黄金銃の製作に勤《いそ》しんだ。図工の時間に習った空気銃やゴム銃の作り方を自分なりにアレンジし、金色の折り紙で完成させた。飛ぶのは銃弾ではなく輪ゴムだが、それなりに満足していた。

　数年後、ウィーン時代に車の免許を取ったときは、リアバンパーにタンクとノズルをつけて水がピッと飛ぶようにしてみた。ボンドカーのスモーク噴霧器を真似た仕掛けだ。実際に道を走っているときに、後ろの車が距離を詰めてくるとピッとやってみたりしていた。

　車の免許は渡欧前に日本でも取得していたが、オーストリアの横文字の免許証がかっこよかったので、向こうでも取得してみた。当時のオーストリアでは、運転がうまければ2時間ぐらいで取得できた。オートバイは山の中を走らされたが、教官についていくことができて、1時間ぐらいで合格。「ダブル免許か。ダブルパスポートの007みたいだ」などと一人で007ごっこをやってご満悦な私だった。

1977年、中学校3年生だった私の人生に大きな出来事が起こる。「スター・ウォーズ」との運命の出会いだ。

それまでになかった善悪の主人公の逆転、映像でピアノ線の見えない飛行機。映画でもコンピュータ音楽が使われることが多くなってきた時代だったが、「スター・ウォーズ」はオープニングと共に壮大なオーケストラの音が鳴り響いた。

ウルトラセブン→ゴジラ→ガメラ→仮面ライダー→007と変遷した将来の夢が、このときからダース・ベイダーに変わった。

そのほとばしる情熱は、半世紀近く経った今もまったく冷めることはない。数年前「スター・ウォーズ／フォースの覚醒」のエキストラをアメリカで募集していた。もちろん応募した。だが、結果は残念ながら落選だった。

あの作品にはジェームズ・ボンド役をやったことのある俳優ダニエル・クレイ

グが帝国軍の歩兵・ストームトルーパー役で出演していたが、私も反乱軍のヘルメットをかぶったり、パイロットの格好をして、エキストラの一人として出演してみたかった。

2025年4月に幕張メッセで「スター・ウォーズ セレブレーション ジャパン2025」が開催される。私はあらゆる仕事をキャンセルして通い詰めるつもりだ。本気で「この期間は休む」と宣言している。

行って何をするかって？　コスプレしている人たちと写真を撮りまくって交流するつもりだ。今からワクワクしている。

初めての東京

前述したように、江藤俊哉先生のレッスンを受けに行くため、中学生の頃からときどき東京に行っていた。

映画「モスラ」で幼虫が繭《まゆ》を作る場所として登場した東京タワー。モスラが壊した東京の街並み。いざ目の前にしても、それほど感動はなかった。「ラドンがいたのは福岡の天神だったし」というような妙な対抗意識があったのかもしれないが、とにかく東京にはワクワクしなかった。

街を歩いていても、東京の人たちは話しかけてこない。まずそこに違和感があった。ホームで電車を待っていると、あれだけ人が降りてくるのに誰も喋っていない。早足で歩き去ってしまう。ホームは一瞬だけガランとするけれど、気づくといつの間にか人が溢れているという繰り返し。

その光景は私にとってはオカルトの世界。ショッカー戦闘員でも「イー」って言うのに、なんで誰も何も言わないんだろう？　隣の人と喋っちゃいかん街なのか？　と、頭にハテナマークがいっぱいになってしまった。

電車内でも、子どもを抱っこした人に誰も話しかけない。子どもが泣いていると顔をしかめる。北九州はおせっかいな人ばかり。一人の子どもが泣いていると4人ぐらいのおっちゃん、おばちゃんたちが寄ってきて世話を焼く。

当時の私にとって、東京の人は宇宙人だった。

「東京の大人たちは、いさっちょ（かっこつけてる）やろ」

そんなふうに思っていた。標準語も苦手だった。東京に行くと言葉が通じない。

道を聞いても、互いに3回ぐらい聞き返さないとわからない。

高校2年生の修学旅行は東京だった。

「こちら葛飾区亀有公園前派出所」の両さんの街に行きたいとグループのメンバーで盛り上がったが、なぜか着いたのは葛飾ではなく浅草。九州から来た私たちにとって下町のイメージが凝縮しているのが浅草だったのだろうか。

とりあえず浅草寺《せんそうじ》界隈をぶらぶらしながら、お昼を食べようということになった。「天丼って書いとうやん」と、雷門のそばの店に入って天丼を注文する。出てきたどんぶりのふたを開けると、焦げ茶色。

「おまえ、なん頼んだ？」「黒い」「焦げちょる」「焦げとるわけないやんか」

みんなで首をひねりながら食べたら、おいしかった。九州の天丼は衣の色そのままなので、私たちにとっては濃いタレがかかっている天丼が珍しかったのだ。うどんも薄い茶色。東京でうどんを食べると、土からカブトムシの幼虫が出てくるように感じてしまい、なかなか慣れなかった。

仕事の際は標準語で話すように心がけているが、気を抜くと北九州弁が出てしまう。家庭でもそうだ。

「『つ』、いたると、『ちぃ』が出るけん、リバテープ貼っとき」と、あるとき息子に言ったら「お父さん、今何語喋ったの?」とポカンとしていた。

「つ」はかさぶたのこと。「ち」が出た次の段階だから「つ」。

「たちつてと、で『ち』の次は『つ』やろが」と、酔っ払った誰かに聞いたことがあるけれど、真偽のほどは定かではない。

「いたる」は触る。「リバテープ」は実家の近辺で売っている絆創膏の商品名で、学校の保健室にあるのもリバテープだ。

つまり「かさぶたを触ると血が出るから絆創膏を貼っておけ」ということ。

我が家は、妻が東京生まれ。息子たちも東京で育ったので標準語のネイティブスピーカー。ディープな北九州弁は通じない。

おまけに私は口を開けばスター・ウォーズのことばかりなので「お父さんの言ってることはよくわからない」と、家族たちには苦笑いされてばかりなのだった。

第4章

N響が「コンサートマスターの流儀」を確立させてくれた

クラシック音楽は再生と伝承、そして創造。

群馬を日本のレニングラードにしたいと意気込み、帰国

1988年、指揮者の湯浅卓雄さんとウィーンで食事をした。湯浅さんは子どもの頃に所属していた北九州交響楽団以来のつきあい。私が高校時代にコンサートマスターを務めていたときに指揮者をしていた。

湯浅さんは1984年から群馬交響楽団（以下、群響）の指揮者を務めていたが、イギリスでも仕事をしていて、ウィーンにも家があった。湯浅さんがウィーンに滞在する際、私はお子さんのベビーシッターをしたりして、つきあいはずっと続いていた。

なので、そのときもただの食事会なのだろうと軽い気持ちで出かけた。

「ところで、日本の音楽事情をどう思っている？」

食事が終わりにさしかかった頃、湯浅さんが尋ねてきた。

「つまらんと思います」

実は、よくわかっていなかったのに知ったような口をきいた。まだ20代半ばで生意気だったのだ。

当時の私は、一度日本で演奏会を開いたことはあったが、日本の音楽事情に詳しいわけではなかった。ウィーンを訪ねる日本人の友人たちが「ヨーロッパは自分が尊敬する音楽家の弟子になって、師匠とも意見をぶつけ合えるからうらやましいよ」「日本は大学の学閥もあるし、上下関係も厳しいしね」などと言っていたので、肩書きや上下関係が嫌いな私は「つまらないなあ」と思っていたのだ。

「そう思うなら、日本に行ってみたらいい」

湯浅さんは言った。

「群響のゲストコンサートマスターをやってみないか」

そう誘われ、売り言葉に買い言葉のように、「じゃあ行ってみます」と答えた。

湯浅さんは私が中学生の頃から知っているので、私の性格をよく把握している。うちの父もそうだが、私に「こうしてくれ」と言っても反発するのがわかっていたのだろう。だから日本の音楽事情を質問し、生意気なことを言う私に「じゃあ行ってみろ」と水を向けたのだ。

父にてのひらで転がされていたのと同様、湯浅さんも私の操縦法をよくわかっていたようだ。

当時の私は、ウィーンでソロや室内楽の演奏会を開いてはいたが、これからどうやって音楽と関わっていこうかと模索していた時期だった。

今が楽しければいい。ずっとワクワクしていたい。音楽と一生関わっていられたらいい。その思いは強く持っていた。どこかに所属しようとは考えていなかったし、肩書きもいらなかった。

「せっかく声をかけてもらったし、久しぶりに日本に戻ってみよう」というくらいの気持ちだった。どこでも、どんな形でも、自分が納得し、満足のいく演奏をしたい。それだけだった。

そして、帰国して実際に群響で弾いたら相性もよく、オーケストラで弾くのはやはり楽しいと、再認識した。

正直に湯浅さんにその気持ちを告げると……。

「ちょうどコンサートマスターを探していたんだ。やらないか」

ということで、群響にコンサートマスターとして入団することとなった。

日本に腰を据えて仕事をするなんて思ってもみなかった。私自身もそうだし、周りも意外に思ったことだろう。彼は日本への帰国のきっかけをつくってくれた恩人である。

人生は運と縁。つくづくそう思う。

「群馬を日本のレニングラードにしたい」

群響のコンサートマスターに就任する際のインタビューで、私は意気揚々と抱負を語った。

（レニングラード・フィルハーモニー管弦楽団は、当時のソ連のレニングラードを本拠とするオーケストラ。１９９１年のソ連崩壊以降はレニングラードが帝政時代のサンクトペテルブルクに復帰したことに伴い「サンクトペテルブルク・フィルハーモニー交響楽団」に改称）

なぜレニングラードかというと「首都にその国一番のオーケストラがなくてもいい」「東京以外に世界レベルのオーケストラがあってもいい」という思いからだ。レニングラードは首都モスクワとはかなり離れている。日本も、東京から離れていても大きな都市もあるし、文化が発展する可能性もある。

居を構えたのは高崎市。ご飯がおいしくて、都心から離れていて、盆地で寒い。ウィーンと雰囲気が似ているではないか。久しぶりの日本生活のスタートにはとてもよかった。日本での最初の生活が、苦手意識のあった東京だったら「やっぱり嫌だ」とウィーンにとんぼ返りしてしまったかもしれない。

運と縁に導かれて読売日本交響楽団～ＮＨＫ交響楽団に

久々の日本で、いきなりコンサートマスターとしてオーケストラに入団して、最初のうちは手探り状態だった。とはいえ遠慮はしないし、言いたいことは言う性格だ。

「日本人の指揮者はなんで、こんな四角四面に合わせたがるんだろう」

あるとき、指揮者に言ったことがある。

「縦の線っていうのは大事だけど、もっと大事なものがあるんじゃないかな」

自分の意見をぶつけてみると、指揮者は「え？」と、驚いていた。

私自身も周りも、慣れるまでにはある程度の時間はかかったが、だんだんとコンサートマスターという仕事に魅力を感じるようになっていた。

オーケストラ全体を把握する必要があるので、楽団員と密につきあうこととなる。指揮者に対してホスト的な役割も必要とされる。指揮者と楽団員のパイプ役にもならないといけない。

私は誰かと話すとき、人によって態度は変えない。そして人の話を聞くのは苦ではないし、自分が話すのも好きだ。このあたりの私の性格は幼少の頃、街にいた酔っ払いたちや、市場のおっちゃん、おばちゃんたちとやりとりした経験が基本になっている。

ワクワクすることが好きだし、演奏会は弾く側も聴く側も楽しむものだと思っている。指揮者、楽団員、聴衆のみんなで楽しむためにどうしたらいいかを考えるのは苦ではない。楽しむ工夫をする労はまったく惜しまない。

ウィーン帰りの変わったコンサートマスターが群馬にいるという評判はすぐに広まったようだ。26歳のとき、Ｎ響にエキストラで弾いてほしいと声をかけられた。群響は制限がなかったのでほかのオーケストラで弾くことも可能だった。

当時のN響のコンサートマスターだった堀正文さんは私に「群響に入る前は、どこかに所属してたのか？」と、尋ねてきた。「いや、してないですよ。ゲストだけです」と、私は軽い気持ちで答えた。

「N響ってどういうオケだと感じる？」堀さんは続けた。

「先を読む超能力が使えるすごいオーケストラですね」

私はそう答えたように記憶している。

N響の演奏を初めて生で聴いたのは小学校1年生のときだった。親が連れて行ってくれたのだ。それ以前にテレビで見ていたときの印象が「なんて怖そうな人たちの集団」。大人たちが真剣に向き合っているのがテレビの前の私にも伝わってきたのを覚えている。

エキストラで弾いたときも、N響はまさに幼い頃の印象のままの「音楽に対して真摯に取り組む精鋭のプロ集団」だった。

2年後の1991年、28歳で群響から読売日本交響楽団（以下、読響）に移籍し、東京に住まいを移した。読響では海外から招いた指揮者たちとのやりとりが多くなる。ここで私の持っているスキルの30％ぐらいを発揮できたように思う。

読響では海外公演もあり、久々にロンドンに行った。そのときは円が強くなっていて、ご飯が食べられたことに感激した。私がヨーロッパにいた当時はロンドンに行っても外食の料金が高く、マクドナルドでビッグマックを食べるのもためらうほどだったのだ。

折に触れて堀さんと交流をしているうちに、Ｎ響でコンサートマスターをやってみないかという話になり、１９９７年、34歳のときにＮ響のコンサートマスターに就任した。

そういえばエキストラで弾いたときも堀さんが袖からじっと見ていたと、後から人に聞いた。もしかしたら堀さんはそのときから私に興味を持ってくれたのかもしれない。

Ｎ響が外に出て行く時期と私の経験がマッチした

１９２５年に山田耕筰が日本交響楽協会を設立したのがＮ響の歴史の始まり。

2026年に、N響の前身である新交響楽団設立100周年を迎える、日本で一番歴史の古いプロのオーケストラだ。

戦時中でも定期演奏会を続けた。非常時になればなるほど、人間が人間であることを失いそうになるときこそ、音楽の重要性が叫ばれる。どんな状況下であっても、音楽を求める人たちはいるということだ。


私がN響に入った1997年はシャルル・デュトワが常任指揮者だった。それ以降ほぼ毎年、N響は海外演奏旅行に出かけるようになった。世界でも名の知れた指揮者との海外での演奏体験によって伝統と個性の融合した現在のN響になったといえるだろう。私はちょうど外に出て行くべき時期に入団したということだ。

ヨーロッパ帰りの私は、日本の音楽界にポッと湧いたような存在だと思っている。日本の音楽大学を出ていないので、最終学歴は高卒。日本にいなかったので、派閥に属することもなく人と争うこともない。そして、「海外の音楽事情を知っている」というところも買われたのかもしれない。

移籍当時、何人かに「トントン拍子でN響に入ったね」と言われたことがある。

出世コースだと言いたいのかもしれない。

「『Ｎ響のマロ』という肩書があるから私に興味を持ってくれるのかな?」「マロはマロじゃダメなのかな」という疑問が湧いてくる。「虎の威を借る狐」ではないが「Ｎ響の威を借るマロ」にはなりたくない。

そもそも出世欲などまったくない。

私が生活していた頃のヨーロッパは、ヨーロッパ共同体（ＥＣ）からヨーロッパ連合（ＥＵ）への過渡期。私が帰国する翌年の１９８９年にベルリンの壁が崩壊し、冷戦が終結したが、まさに政治や権力が一晩のうちにひっくり返ってしまうような激動の時代を間近で見てきた。

そのせいだろうか。欲を出しても仕方がない。人生は自然体がいちばん。なるようにしかならないという思いが自分の中に根付いている。自然に自分の思っていることをやりたい。私の姿勢はどこにいても変わらないつもりだ。

今ではＮ響は海外でもひとつのブランドとなった。ウィーン楽友協会が主催する定期演奏会に、海外からいろいろなオーケストラが招かれる中にＮ響も招待される。

普段は白い紙に印刷される演目が、楽友協会のプレゼンテーションとしてやる演奏会だけはゴールドプレート――金色の紙に書いてある。楽友協会の栄誉ある定期演奏会に招かれること自体が信じられないし、光栄なことだ。

演奏会におけるコンサートマスターの役割

そもそもコンサートマスターとは何者か。歴史を紐解けば、ヴィオラ奏者やティンパニ奏者など、ヴァイオリン以外の奏者がコンサートマスターだった時代もある。ミュンヘン・フィルハーモニー管弦楽団はその形を最後まで保っていて、ウィーン出身で友人のチェリストのミヒャエル・ヘルがコンサートマスター兼首席チェリストを務めていた。彼は昨年退任したが、私は彼とは昔から仲が良くカルテットなど室内楽をやったこともある。

現在は一番旋律が多くて一番指揮者に近いヴァイオリニストが、コンサートマスターの役目を担っている。一般的には、指揮者のすぐ横で演奏しているヴァイオリニストで、演奏をリードするというイメージかもしれない。

演奏会の日のコンサートマスターは何をしているか。

開演時間が近づく。楽団員たちがそれぞれの楽器を持ってステージ上に出て行く。コンサートマスターはまず自分のヴァイオリンの音に神経を集中させ、チューニングを済ませる。

チェリビダッケ（ミュンヘン・フィルハーモニー管弦楽団をはじめ、ベルリン・フィルハーモニー管弦楽団やシュトゥットガルト放送交響楽団などで活躍した名指揮者）が読響を振った際には、チューニングを細かくやっていて、コントラバスから順番に30分ほどかけていたそうだ。

だが、現代の日本のプロのオーケストラは舞台そでで完璧にチューニングを済ませているので、ステージ上ではその頃ほど細かくはやらなくなった。むしろ、チューニングは聴衆に「演奏を始めますよ」とサインを送るのに近い。

開演時間が近づくと、チューニングの音が消えてホールが静まり返る。燕尾服の裾を右手ではらう。これは私の癖だ。客席にも開演前の緊張感がみなぎる。

やがてドアが開き、下手から指揮者が出てくると、客席から拍手が湧き起こる。コンサートマスターが最初に立ち、促されるように楽団員たちも立ち上がる。コンサートマスターが指揮者と握手を交わす。

着席してヴァイオリンを構える。これから始まる音楽に対して、楽団員たちの目は指揮者の一挙手一投足に集中している。指揮者の手が振り下ろされる瞬間をとらえて、いよいよ演奏が始まる。

どこで始めるかというタイミングに神経を研ぎ澄ませる必要があるのだが、N響に入ってからは私がそこまで考えなくてもよくなった。みんなが思っている方向にちゃんと落ちるからだ。

演奏が始まってからも心配はいらない。N響の楽団員全員が素晴らしいエキスパートであり、感覚のきわめて鋭い奏者の集団だからだ。

その場の雰囲気をとらえて、練習や演奏会をちょっとだけサポートしていく。それが私の考えるコンサートマスターのイメージだ。

コンサートマスターは「現場監督」

むしろ、大事なのはリハーサル。練習日には遅刻は厳禁。朝７時に起きるため、寝室には目覚まし時計を３つ置いていた。ゲネプロ（通し練習）はだいたい本番と同じ手順で行う。

オーケストラの人数は規模が大きい曲だと１００人を超える。当然、全員考え方が違う。幼い頃から楽器に親しみ、練習し、勉強してきたエキスパートたちそれぞれの曲の解釈がある。

さらに、そこにもうひとり指揮者がいる。

「ここはもうちょっとこうしてくれ」と指揮者が言う。「だったら弾き方を変えたい」「ボウイングを変えたい」など、楽団員の意見も出てくる。「良い演奏を届けたい」というのは共通の思いだけれど、意見が食い違うのはあたりまえ。

むしろ、互いに我慢せずに意見をぶつけ合った方がいい。たいていは対話の中で着地点が自ずと見えてくるのだが、そうでないときはどこかに着地点を見つけないといけない。

指揮者からある演奏法を提案されたとして、我々に合っているならもちろん採用する。合わない場合でも、指揮者がどうしてもと主張するのなら、その演奏会だけは採用しよう、などと判断して結論を出す。世界中のどんな演奏者にも共通するのがいい演奏をしたいということ。そのために意見をまとめて前に進めていく。

互いの意見を調整し、仲介役を務めるのがコンサートマスターだ。仲裁に入るのではなく、知らず知らずのうちにお互いが納得できるようにストンと落とすのが真骨頂なのだが、うまくいくときばかりではない。

コンサートマスターというのは、日本語で実に言い表しにくい。

ヨーロッパだとサッカーにたとえることが多い。外側で指示を与えるのは監督。でもフィールドで相手の動きと自軍の動きを見て細かな指示を出すのはキャプテン。コンサートマスターの役割もサッカーのキャプテンと同じだと思ってくれるといい。

指揮者はゲスト、コンサートマスターはホスト

N響にはゲストの指揮者が来演する機会が多い。首席クラスの指揮者でも年間約１２０公演のうち登壇は20公演ほど。割合にして15パーセントぐらいだろうか。85パーセントもゲストが来るわけだから、ワクワクする面もあるけれど、たった3回のリハーサルで本番を迎えるのだから、そのあたりは楽団員の集中力が必要だし、コンサートマスターの役割も問われる。

指揮者は演奏会へのアイディア、考え方を持ってくる。指揮者もオーケストラの楽団員も全員プロであり、一人ひとりが独立した音楽家。リハーサルで顔を合わせたときは、全員が感性のアンテナを広げてお互いを感じている。

「せーの」で弾いても合わない。人間同士の相性もある。個性的な……という言葉の範疇《はんちゅう》ならいいのだが、ひと癖もふた癖もあるような指揮者の場合、指揮者の表現したいこととオーケストラの表現したいことが合わない場合もある。

指揮者の要求がオケの個性にマッチするか。私は指揮者や楽団員たちの表情を見逃さないよう、常に気を配っている。指揮者の意図がはっきりしないままオー

ケストラが動き出してしまうと、モチベーションを保つのが難しい。

指揮者によって演奏に差が出てくるのは、楽譜に書かれていない部分をどう解釈するかが指揮者によって違うからだ。テンポの取り方、音を鳴らしたり切ったりするタイミング、強弱の具合……。

たとえばクレッシェンドをする場所が、半拍ずれただけでも聴こえ方は違う。10分の1秒、100分の1秒の音の長さの違いが、曲全体にも大きく影響する。同じ曲を同じオーケストラが演奏しても、指揮者によって曲全体の印象はまったく違う。

指揮者に最も影響を与えるのは、その人が生まれた国の風土であり、そこでの「原体験」。母国語は何か、どんな場所で育ち、どんな人と付き合ってきたのか。それらすべてが、曲の解釈に大きな影響を与える。

作曲家が曲を作るときだってそうだし、曲を聴く側の受け取り方もそうだと、私は留学時代に音楽史の先生から教わった。後述するが、ロシアの指揮者、ウラディーミル・フェドセーエフから子どもの頃の凄絶《せいぜつ》な過去を告白されたこともある。

当然、社会情勢や生活風習も関わってくる。クラシックの世界だけでなく、アスリートや画家もそうだし、普通に生きている人の性格や考え方にも過去から連なる「文脈」が影響している。

指揮者が生きてきた歴史をすべて理解するのは不可能だ。でも理解しようという志は大事だ。まずコンサートマスターである私が率先して指揮者と近づかないといけない。楽団員たちが迷ったときに道案内をするのがコンサートマスターの役目だからだ。ベストまではいかなくてもベターな演奏をできるように、指揮者と楽団員たちはもちろん、主催者、事務方スタッフ、聴衆、みんながハッピーな演奏会に導くのだ。

指揮者はゲストであり、コンサートマスターはホストといえるだろう。

ホームパーティに招いたお客様が楽しく、快適に過ごせるように環境を整える。心を込めておもてなしはするけれど、家のルールを著しく損なったらお帰りいただく。指揮者の指示を遂行するのも、指揮者に「やめてほしい」と伝えるのもコンサートマスターの役目。楽団とまったく合わないことをしようとする場合にはストップをかけなければいけない。

また、ジャッジするコンサートマスターは常にニュートラルでなければならない。個人的に親しい指揮者でもオケのために対立することもある。

たとえオーケストラが怯《ひる》んでも、コンサートマスターが怯まなければ演奏は完成する。もちろんコンサートマスターもミスをすることがある。私は基本的に楽天家なので、音楽を愛する気持ちが通じ合えればいいものが生み出せるし、お互いに頼りながらやれば必ずうまくいくと思っている。時にぶつかり、それでもわかり合おうと互いに歩み寄り、修正し、助け合いながら音楽を紡いでいる。

指揮者から本音を聞きだすコンサートマスターは007？

ウィーンで知り合った指揮者や演奏家と、N響の定期公演で何度か再会したことがある。当時まだ学生だった私が、彼らとコンサートマスターとして共演できるなんて、実に光栄だし、彼らとの共演は深く印象に残っている。

アメリカ出身の指揮者ロリン・マゼールは、私が留学時代にウィーン国立歌劇場の音楽監督をしていた。

２０１２年に来日した際は82歳。東京で彼と食事をしたときに元気の秘訣を聞いたら、「いつも若い彼女を連れて歩くことだよ」と。怖そうに見えるけれど、実はとてもユーモアにあふれた人だった。Ｎ響では一度しか共演できなかったが、再会できたときは彼も喜んでくれて、私も幸せな時間を過ごすことができた。

ロシアの指揮者、エフゲニー・スヴェトラーノフは、ウィーン時代に彼の率いるオーケストラのウィーン公演をリハーサルから見学したことがある。当時のソヴィエト連邦という国の状況そのものというのか、リハーサルも重々しい雰囲気。スヴェトラーノフの表情も硬い印象だった。

Ｎ響の定期公演には12回登場。私が在籍した１９９７年、１９９９年、２０００年と共演したが、そのときの語り口は茶目っ気たっぷり。やはり時代の影が彼を厳めしい表情にさせていたのだろうか。ウィーンでは見られなかった笑顔を目にして、私も嬉しくなった。

このように、N響の定期公演には、世界のクラシック音楽界で活躍する海外のソリストや指揮者が来日し、客演する。私が入団する前の1954年にはカラヤンが客演しているし、私の師であるイヴリー・ギトリスも、私が入団する前、1994、1995、1996年に客演した。当時、読響にいた私はイヴリーと屋形船に乗り、東京での再会を楽しんだものだ。

N響のコンサートマスターを務めるようになってからも、海外から招いたソリストや指揮者たちとはよく個人的に食事に行くようにしている。

指揮者はゲスト。海外から日本に来てくれたのだから歓迎の意を示したいし、日本を知ってもらいたいし、好きになって帰ってもらいたい。彼らは仕事で来ているわけだけれど、こちらにいる期間は楽しんでもらいたい。こちらも仕事ではあるが、ホスト役としてはそう思って当然だ。

日本のレストランは英語表記のメニューがない店もある。彼らにとってはストレスだ。せっかく来日したのだからおいしいものを食べて、いいコンディションで公演に臨んでほしい。時間と都合が合えば、観光に出かけることもある。

練習場以外でリラックスしたところで、彼らの本音を聞きだす。コンサートマスターはある意味スパイ。殺しのライセンスのない007とでもいったらいいだろうか。

楽団員たちとのクッション役としても、私が彼らとわかり合う必要がある。日本人の多くは、あまりはっきりものを言わない。とくに「NO」を伝えるのは苦手で、曖昧に済ませてしまうこともある。客演する指揮者が言ったことに対して楽団員たちが黙っていると「YES」だと解釈するが、実はそうではないとなると、うまくいかなくなる。日本は空気を読んで察してほしい……という文化だが、そのやり方では通用しない。

リハーサルの際に楽団員たちが黙っていると「わかっているのか、いないのか」と、指揮者も不安になる。そういうときに楽団員たちにコミュニケーションを促すというのも私の仕事。コンサートマスターは楽団員たちの意図を汲み、そのうえで引っ張っていかないといけない。

〝すごいヤツ〟には3つのタイプがある

才能のある人、注目される人——ざっくばらんにいえば〝すごいヤツ〟には大きく3つのタイプがある。

1つめは、ぐいぐい引っ張っていく大物タイプ。親分肌で頼もしいのだが、高圧的な面も併せ持っている。

2つめは、頭がすごく切れるクレバーなタイプ。頭がいいのは素晴らしいことだが、自分の流儀が確立されすぎていてあれこれ口うるさかったり、こだわりが強すぎることも多い。

3つめは、言葉では説明できないけれど、とにかくすごいというタイプ。私が大好きなタイプだ。

コンサートマスターにもこの3つのタイプがあるように思う。

ウィーンに渡ったばかりの18歳の頃に出会った、旧ユーゴスラヴィア出身のゲルハルト・ヘッツェルがまさにそうだった。彼はウィーン・フィルハーモニー管弦楽団の第1コンサートマスターを務めていた。私は幸運にもたびたびヘッツェルのリハーサルに立ち会い、コンサートマスターはこうやって全体をまとめていくのだと、間近で見ていた。

「後ろが暴れるから抑える。抑えられないコンサートマスターはダメ。ベートーヴェンやモーツァルトのポピュラーな曲の場合はとりわけ気をつけないと、後ろに座っている奏者がどんどん煽ってくる。コンサートマスターはそれを止めなくてはいけない」

彼はウィーン国立音楽アカデミーを経ずにウィーン・フィルのコンサートマスターに就いた人。さまざまな差別を受けただろうが、実力と人柄で克服していった。

指揮者に関してもそう。

うまく言葉では言い表せないけれど、とにかくすごい、と思った指揮者のひとりはロシア出身の指揮者トゥガン・ソヒエフ。２００８年に代役として客演して以来たびたびN響の定期公演のために来日しているが、知識もあるし物腰も柔らかいのに、有無を言わせぬハンドパワー……いや、ダース・ベイダー以上の、ヨーダのようなフォースを持っている。彼が振ると「この人と音楽をやっているこの時間はなんて幸せなのだろう」という気持ちになる。

１９８６年から名誉指揮者、２０１６年から桂冠名誉指揮者でアメリカ生まれのスウェーデン人指揮者、ヘルベルト・ブロムシュテットも言葉では説明できないパワーを感じる。１９２７年生まれでもう97歳だが、これまで毎年のように定期公演のために来日していた。

彼はとてもよくしゃべる。いくつになっても好奇心に溢れている。そして進化が止まらない。好奇心に勝るエネルギーはないのだろう。彼と演奏するときはいつも楽しく、私もワクワクしていた。

サヴァリッシュとの思い出と堀さんの思い

コンサートマスターとは、ソリストとしての能力を試されるポジションでもある。コンサートマスターのソロ演奏がある曲のひとつであるリヒャルト・シュトラウス作曲の交響詩「英雄の生涯」。

N響に入団して間もない1999年にヴォルフガング・サヴァリッシュの指揮でこの曲をやることになった。サヴァリッシュとN響の関係は古くから深く、定期公演のほか、海外公演などでも共演。1967年に名誉指揮者、1994年に桂冠名誉指揮者となった。

コンサートマスターの堀正文さんはサヴァリッシュととても親しいし、当然、堀さんがコンサートマスターを務めるのだろうと思っていたが、彼は私に「この曲を1回やると4、5年はプログラムに取り上げないから、今回は弾いてみないか?」と言った。「ぜひ体験するべきだ」と、譲ってくれたのだ。

今になってよくわかるのだが、堀さんは若手を育てよう、体験を積ませようという考え方だったのかもしれない。

R・シュトラウスにとって最後の交響詩であるこの曲でコンサートマスターが弾くヴァイオリン・ソロは英雄の伴侶——R・シュトラウスが憧れる女性役を演じ、奏でる。ソロが始まる直前まで大人数で演奏しているので、その流れでしっかりと弾くのだが、サヴァリッシュの左手の指示は「音を小さくしろ」と。音を小さくして再度マエストロを見ると「もっと小さく」の指示が。そのやりとりを何度か繰り返し、こんなに小さくていいのかと思いながらも弾いてみると、サヴァリッシュからようやくＯＫがでた。

ほとんどの場合、ソロを弾くときは、指揮者は「ご自由に」という感じなのだが、サヴァリッシュはテンポやフレーズ、そしてフェルマータの長さまで提示してきた。

「これはただごとじゃないぞ」と思い、休憩時間に指揮者室を訪ね、ソロの部分のテンポやフレーズの取り方について質問すると「奥ゆかしく恥じらう可愛い女性を見てドキドキするのが人間じゃないか。ここの出だしはまさにそんな女性に恋する瞬間だ。若い君にはまだまだわからないだろうが、魅力的な女性というのは後から徐々に変貌していくのだよ。もし、君が、そういう女性以外が好みなら話は別だけどね」と、意味ありげに笑いながら言った。

最後のホルンとのデュエット部分について質問をすると「男性と女性が長年連れ添って、お互いのすべてがわかった状態でないとあの会話はできない。すべて

N響のコンサートマスターの先輩、堀正文さんと

が走馬灯のように戻ってくる瞬間なのだよ」と答えた。

大人の男女の機微を音で表現しなくてはならない……。当時の私はコンサートマスターとしての責任の重さに押しつぶされそうになった。

その後、この曲でソロを弾き始める瞬間にいつも思い出すのは、サヴァリッシュとのやりとり。普段はあまりジョークなど言わない彼がニヤリと笑いながら話してくれたこの曲に対する考え方と、あのときの指揮者室での濃密な時間は、私の中では大事な宝物となっている。

クラシック音楽には絶対神がいる

クラシックとは？　言葉の意味は「古典、格式」ということになるだろうが、私に言わせると、クラシックは再生と伝承の文化だ。同じ曲を何百年と演奏し続けている。それこそ、おじいちゃんおばあちゃんが同じことを何回も言うのと似ているので、気むずかしい印象もあるかもしれない。

「演奏会に行く前に勉強しないと」と言う人も多いが、実際のところはお勉強などいらない。ある程度知識がないといけないと思うのだろうが、音楽は考えるのではなく感じるもの。曲を聴いて、人生が変わったり気持ちが変わったり、思い出になったり、何かを思い出したり。心のままに聴けばいい。

私たち演奏家は再生者。再生しながら伝承していく。私たちは作曲家という「絶対神」に誠実、忠実であるべきで、N響の楽団員はその点に関して考えが一致しているし、同じ方向を向いている。

クラシック音楽の世界には作曲家という絶対神がいる。ベートーヴェンの曲に関しては、ベートーヴェンが唯一絶対の神。まずは作曲家に敬意を払って従うことが、クラシック音楽を演奏する上での大前提だ。

事実、ベートーヴェンが生まれてからおよそ２５０年間、今日まで彼を超えた人は存在しないと私は思う。彼の書いた楽譜は、その間、誰もいじっていない。時代を超えて演奏されるスコアには世界遺産に匹敵するくらい文化的な価値がある。

数百年も前に作った曲が、いまだに世界各地で演奏されている。曲が誕生してから今日まで受け継がれてきて、おそらくこの先も継続されていく。クラシック音楽は言語も人種も時空も飛び越えることができる。

また、クラシック音楽にはジェネレーションギャップがない。中学生の頃の私は、大人たちのオケに入って一緒に演奏ができた。大人になった今、私は子どもたちと演奏することもある。年齢差があっても一緒に楽しんでいる。

いいかげんなのがマロの魅力？

私は言葉が通じなくても臆さないというか、気にしない。幼い頃から街には酔っ払いがいて、市場にひとりで出かけて自分の親より上の世代の人たちとやりとりしたり、中学生で入ったアマチュア・オーケストラで酔っ払いのケンカの仲裁をしたり……と、そもそも話がかみ合わないという状況にも慣れている。

いつだったか、私はフェドセーエフに向かって「明日リハどうするの？」と日本語で声をかけた。フェドセーエフが「ясделаю《ヤセデラユエト》」と、ロシア語で答える。「やるよ」という意味だ。

それを見ていた周りの人が驚いて「日本語、通じるんですか？」と、尋ねてきた。

「いや通じない。いざとなったら最後は日本語！」

根拠はないが、実感はしている。ウィーン時代もそうだったが、人間とは不思議なもので、見た感じの雰囲気と表情、喋り方、表情で言いたいことの半分はわかる。友好的に話せば、だいたいは通じる。だからといって、恥ずかしがらずに

パーヴォと居酒屋でくつろぐ

自国語で押し通そうとするのは私とイタリア人ぐらいだろう。

「Ｎ響は堅いイメージがある」

パーヴォ・ヤルヴィ（２０１５年に首席指揮者、２０２２年に名誉指揮者に就任したエストニア出身の指揮者）と食事をしたときに言われた。

「世界中で指揮してるからいろいろなコンサートマスターに会うけど、おまえはすごくフレンドリーだよ」

パーヴォは笑った。彼とはつきあいが長かったから、焼き鳥屋も行ったし、すっぽんも食べにいった。

そういうとき、私はこう話す。

「誰でも一緒だよ。私はみんなが気持ちよければそれでいいんだ」

前述したように私がN響にコンサートマスターとして呼ばれたのはヨーロッパを知っているヴァイオリニストだったからかもしれない。でもそれだけではなさそうだ。

外国人の音楽家とコミュニケーションが取れる。もしかしたら取れていないのかもしれないけれど、いざとなったら通じなくてもなんとかなるだろうという、包容力という名のいいかげんさがある。そこが私の魅力だったのかもしれない。

フェドセーエフを救った「くるみ割り人形」

フェドセーエフとも2人で食事をしたことがある。

2013年に初共演して以来、N響の定期公演にたびたび来日した彼の5回目の来日は２０１８年12月。曲目はチャイコフスキーのバレエ音楽「くるみ割り人形」。

リハーサルが始まったのだが、フェドセーエフのテンポはかなりゆっくり。「ん？ どうした？」と、楽団員たちはみんな同じ気持ちだったと思う。

休み時間、私は管楽器の面々から呼ばれた。

「息が苦しい」「エスプレッシーヴォ（「表情豊かに」という意味）できない」と、みんなが口々に訴えてくる。私たちは弦楽器だからまだいいが、たしかに彼らは息がもたないだろう。私は、彼らに約束した。

「わかった。今日、じいちゃんとご飯食べにいって話してみる」

フェドセーエフは１９３２年生まれ。このとき86歳。あんなゆっくりなペースでは、立って指揮をする彼だってたいへんだろう。

その夜、私は彼を誘ってステーキを食べにいった。楽団員たちもたいへんだし、テンポアップして、と頼むための食事会だ。年下の指揮者になら「このままだとよくないよ」と言える。でも私の父よりも年上のフェドセーエフにはストレートには言いにくい。

「マエストロ、この曲ものすごく好きなの？」

探りを入れるべく、切り出した。

「俺の生まれたところ、知ってるか」

問い返され、思わず息を呑んだ。私は（やばい。彼の出身地はレニングラードだ）と、ドキドキし始めた。

「第二次世界大戦、知ってるか」

彼は静かに話し始めた。１９４１年から１９４４年まで９００日間近く、レニングラードはドイツ軍に包囲された。犠牲者は１００万人以上とも言われ、死因のほとんどが餓死。フェドセーエフは9歳から12歳の間。大人は子どもたちに食べ物を与えてくれ、自分たちは靴などを齧《かじ》っていた。子どもはもしかしたら死んだ人の肉を食べていたかもしれない。あまりにも人が死んでいくので、すべての感覚が麻痺していたという。

私はステーキが焼ける鉄板を前に、その話を聞いていた。

子どもたちは集まり「大人たちが死んでいくのに、僕たちは生きていていいのか」と話し合った。自分たちも死のう。そう思ったとき、ラジオから「くるみ割

ウラディーミル・フェドセーエフと

り人形」の音楽が流れてきたという。

クリスマス・イブの夜、くるみ割り人形をプレゼントされた少女がおとぎの国へと旅をする。「くるみ割り人形」の曲を、彼はそのときどんな思いで聴いていたのだろう。

「曲を聴いて私は『音楽に潜む不思議な力』を感じた。生きる力を得た。だからね、私は『くるみ割り人形』が大好きなんだよ……思い入れすぎかな」

「いえ、そんなことありません！」

私は首を横に振った。自分を救ってくれた大切な曲だからこそ、考え抜いて選んだテンポなんだ。だったら絶対に彼がやりたいようにやってもらおう。

翌日のリハーサル前に、私は管楽器奏者たちのもとへ行った。

「窒息する気で吹いてください」

彼らに事情を話した。管楽器奏者たちは真っ赤になったり真っ青になったりしながらも、吹いてくれた。

「くるみ割り人形」の出来ばえは素晴らしかった。ゆったりとしたテンポだが弛緩しない。とくに管楽器が素晴らしかったという評価が多かった。

フェドセーエフは2年後の2020年に広島交響楽団の「被爆75年特別定期演奏会」でタクトを振った。同じ戦争経験者として広島の人たちの気持ちがわかるとコメントしていた。

2023年秋にもNHK音楽祭で「くるみ割り人形」を振る予定だったが体調不良のために来日を見合わせた。非常に残念だった。

N響ライブラリーに並ぶ膨大な楽譜たち

N響のライブラリーには、代々受け継がれてきた楽譜がずらりと並んでいる。

ライブラリーが多いのがＮ響の特徴ともいえる。創設者の近衛秀磨が指揮した楽譜も残っているのだから膨大な数だ。何度も演奏された曲は、何度も同じ楽譜が使われるので、歴代の楽団員の書き込みがびっしり残っている。

先輩たちが楽譜に残してくれた貴重な書き込みと口伝。ものすごく長い歴史の中での様々な蓄積がとてもうまく機能している。ボウイングやフィンガリングだけでなく、歴代の指揮者が言ったことも書いてある。指揮者によって言うことは違うし、変更を要求されることも多い。

私は楽団員たちに「左側に日付ね」と言っていた。「２０１６ソヒエフ多々変更」などと書き込む。

演奏会後に、残す価値があるかどうかを判断するのだ。私たちの認識の中で作曲家の考えに近いと考えられることは取り入れる。そうではない場合は、演奏会が終わると元に戻す。

発展するためには新しいものに置き換えていけばいいという考え方もあるが、ヨーロッパは違う。建物は外壁を残し、外観が変わらないように原形を残して修復する。絵画もそうだ。日本もお寺や神社はそうだろう。

N響ライブラリーに並んでいる楽譜も、伝統を守りながら形を変えていく。

楽譜の書き込みといえば、作曲家が書いたひとつの音楽記号から連想することも大事。たとえば「dolce《ドルチェ》」と書かれているとする。イタリア語の辞書を見れば「やさしく」「甘くやわらかに」と載っている。でもそれだけじゃない。

たとえば「空を描いて」と言われたらどうだろう。青で塗る人もいれば、オレンジや紫の人もいるだろう。青でもいろいろな青を混ぜて塗る人も。

私たちが楽譜を読むときも作曲家が書いたひとつの言葉からさまざまな発想を膨らませる。楽団員が何を連想するかで、オーケストラの音色がガラッと変わる。たとえば「allegro《アレグロ》」。「快速に」という意味だけれど、「子どもが愉快に遊んでいる感じ」など情景まで考えて、その発想を音にする。

前後のつながり、それから作曲家の書いた年代、その頃につきあっていた人たち、そういうことをプロファイルしていく。

でも、もしかしたら指揮者は別の解釈をしているかもしれないので、その場合は日付と指揮者の解釈を書いておく。永続的に採用されるかその場限りかは、私たち楽団員の判断次第というわけだ。

作曲家の意図に、演奏家と指揮者それぞれの発想が加わる。だからこそクラシック音楽にはいろいろな解釈が存在する。

すべてにおいて大事なのは「経験」

私は実践以上の教育、伝承はないと考えている。「伝承」が私の中のキーワード。N響も楽団員たちの演奏技術を次の世代に引き継ぐべきじゃないだろうか。私は常々考えていた。

「若手を育てるシステムがあるといいんだけど」と、上の人と話す機会に何度か口にしていたところ、当時の副理事長が動いてくれて、２００３年に若手育成を目的としたN響アカデミーがスタートした。

オーディションで選抜された受講生のレッスンは楽団員が持ち回りで担当している。楽団員の隣で弾き、リハーサル、ゲネプロ、演奏会を見学して、オーケストラで演奏するためのさまざまなノウハウを学ぶ。

オーケストラには、特殊な暗黙のルールがある。オーケストラスタディ（オーケストラのパートを抜粋で弾くこと）が存在していて、この部分をいかにスムーズにこなすことができるかを勉強していく。

もうひとつ大事なのが経験というスキル。いくらひとりで弾けるようになっても経験値がなければオーケストラの楽団員になれない。一緒に演奏することによって弾き方を修正していくことが必要だ。

本番で弾くときは、アカデミーの受講者を、担当した楽団員の隣に座らせる。若い団員はコンサートマスターの隣というわけにはいかないから研修席と呼ばれている斜め後ろの席に座らせる。

大晦日恒例の「ベートーヴェンは凄い！　全交響曲連続演奏会」という特別編成での公演では私がコンサートマスターを務める。

この演奏会は2003年から始まったが、あるとき、指揮者の岩城宏之さんに食事に誘われ「大晦日にベートーヴェンの九つの交響曲を全部振りたい。N響のメンバーとやりたい」と言われた。でもN響の仕事として引き受けるのは難しい。

私は考えた挙句に岩城さんに言った。

「その演奏会に若い演奏家を入れさせてほしい。日本の音楽界の未来のために、何か新しいきっかけを作りたい。それにオーケーしてくれるなら、Ｎ響のメンバー一人ひとりに声をかけてみます」

私の提案を、岩城さんは了承してくれた。

当日の公演は13時に始まって、終演は23時過ぎ。普通なら若手は後ろだが、私は隣に座らせる。敢えて前に座らせることで見える景色を体験させたい。楽しんでもらいたい。何かを得てほしい。

すべてにおいて、大事なのは経験だ。

若手演奏家たちは、さまざまな経験を積み、自分の中に蓄積して、走りだす。アカデミー終了後は日本のほかのオーケストラに入団したり、海外のオーケストラに入団した受講生もいる。いつの日か巡り巡って戻ってきてくれたり、共演できたら、嬉しいかぎりだ。

若い人は素晴らしい。可能性が数パーセントしかなくても突き進もうとする。

大人から見ると無茶だが、うまくいったときのエネルギーはものすごく強い。
伝統を守ることも大切だが、伝統に縛られすぎると進化しない。ノウハウを伝授しながら新しいものを追求していく、そういうオーケストラが日本中に現れると嬉しい。

N響の異端児マロはクレヨンしんちゃん?

私のインタビュー記事などに「音楽界の異端児」「N響始まって以来の変人」などと書いてあることがある。自称しているのは「永遠の5歳児」。自分自身はナチュラルにやりたいことをやっているだけなのでとくに変わり者だという自覚はない。

コンサートマスターなので基本的には楽団員をまとめ、指揮者との懸け橋になろうと心がけている。とはいえ言いたいことを言い、やりたいことをやる性格が、時折周りを混乱させることもあるようだ。

ステージに指揮者が現れたときに、コンサートマスターの私が立てば、楽団員もさっと立つ。

だが、私が入団する以前は、立たないこともあったようだ。この指揮者とはうまくいかない、という場合は立ってはいけないという不文律が存在した。立つか立たないかはコンサートマスターが決めていたらしい。コンサートマスターが立たなければ楽団員も立たない。個人的に尊敬しているからといって立ち上がる楽団員はいない。

私は演奏が始まる前には必ず立ち上がるので、異論を唱えられたこともある。私は、こう答えた。

「指揮者のために立ったんじゃなくて、作曲家に敬意を表して立ったんです」

演奏会後に客席に向かってお辞儀したときも「何、偉そうにお辞儀してるんだ」と言われた。

「終わったからしただけです。みなさんはしなくていいですから」

したいからしている。それだけのことだ。

帰国して、周りの人にびっくりされたのが、先輩たちに何を言われてもまったく動じないことだった。私は誰に何を言われても柳に風。逆らうこともないし、どんなこともさっと受け流す。

「面白いこと言ってるな」「でも俺はやりたいからやるし」ぐらいにしか思わない。能天気でマイペース。周囲に迷惑をかけることもしばしば。でも偉い人や先輩に勝負を挑まれても、態度を変えずに自分らしさを貫く。腹の中にためこめないタイプなので、言いたいことがあれば言う。そこは我慢できない。

「オラの夢は、ずっと子どもでいること！」と言っている永遠の5歳児、アニメの主人公と変わらないのだ。

そして、バトンは渡された

2024年2月、定期公演でR・シュトラウスの交響詩「英雄の生涯」を取り上げることとなった。この曲は先述の通り、コンサートマスターに難易度の高い長大なソロ演奏がある。私はN響に入ったばかりの1999年以来、何度か弾いている。あのときに堀さんが私にコンサートマスターをやれと言ってくれたように、この機会に当時、まだゲスト・コンサートマスターだった郷古廉《すなお》にコンサートマスターをやってもらいたいと考えた。

ソリストとしてN響と初めて共演したときの郷古の印象は、思慮深い演奏をするヴァイオリニストだということ。たしかなテクニックがあるうえで非常に哲学的な演奏をするヴァイオリニストだと興味を持ち、ラーメンを食べにいこうと誘って音楽の話をした。

作曲家に対してとてもリスペクトがあり、話が合った。商業主義的な考えや、コンクールが嫌いなところも私と似ていた。「コイツ、いいなあ」「彼だったら素敵なコンサートマスターになれるんじゃないかなあ」と、漠然と思っていた。

彼の「英雄の生涯」のソロを、ぜひ聴いてみたい。

とはいえ郷古は前の週も翌週もコンサートマスターを務めることになっていたし、７公演連続のステージだ。N響の定期プログラムの連続はかなりきつい。それでも弾いてほしかった。

NHKホールで私の第1コンサートマスターとしての最後のコンサートのゲネプロの後に郷古と

「弾こうよ。ねえ、弾こうよ。郷古のソロが聴きたいなあ。郷古が倒れてもいいように隣にいるから」

しつこく頼んでみた。

「弾きます」

彼は言ってくれ、結果、素晴らしいソロ演奏を披露した。演奏会後、私と彼は互いをたたえ合うようにハグをした。「N響の新時代到来を予感させる」という記事が出ていたが、まさにその通りの演奏会だった。

その2カ月後、彼が第1コンサートマスターに就任することが発表された。

平成生まれ世代へのバトンタッチとなったが、私も隠居してしまうつもりなどさらさらない。令和生まれの子どもたちが楽器を持つ時代となった今、子どもたちへの指導にもさらに力を入れたい。指導といってもテクニックを教えるのではなく、一緒に考え、一緒に弾き、音楽の楽しさと弾く喜びを教えたい。「音楽をやってると世界中にお友だちができる」と両親に言われてここまでやってきたが、その言葉は事実だった。未来を生きる子どもたちにも伝えたくて、絵本も出版した。

やりたいことを挙げていったらキリがない。

私は自分がワクワクすることしかできない体質。周りの人たちや若い世代の人たちもそうであってくれたらどんなにいいだろう。一人ひとりがワクワクすることをやれる社会であったらどんなにいいだろう。そう思ってやまない。

第5章

偉大なマエストロたちが音楽の流儀を教えてくれた

この指揮者は、「作曲家がその先に考えた何か」を指揮棒で表すことができる。

ここで、私がN響のコンサートマスターとして接した指揮者について、前章と若干ダブる部分もあるが、少し踏み込んで語ってみよう。

最初は、N響のシェフ（音楽監督や常任・首席指揮者）だったマエストロ、次に何らかのポストを持ったレギュラーの客演指揮者、最後はそれ以外の印象的な指揮者である。

もちろん、世に出せないような出来事も多々あるし、以下で述べるのはあくまで私個人の思いと捉えてほしい。

●シャルル・デュトワ（1936年10月7日〜）
スイス出身の指揮者。各地の楽団のポストを歴任後、1977〜2002年に音楽監督を務めたモントリオール響で類い稀な手腕を発揮。フランス物やロシア物を中心に、エレガントで色彩的なサウンドを生み出し、〝音の魔術師〟と称されるようになった。N響では、1996〜98年常任指揮者、1998〜2003年音楽監督を務め、サウンドの幅やレパートリーの拡大に貢献した。2003年以降は名誉音楽監督。

デュトワは、私がN響のコンサートマスターに就任した1997年当時の常任指揮者（1998年からは音楽監督）だった。

彼の功績といえば、まずはN響のプログラムの幅を広げたこと。また当時は、N響がヨーロッパをはじめとする海外公演を積極的に増やしていった時期にあたり、アメリカやアジアを含めた各地に年2回ほど行くようになっていた。デュトワはそうした方向性に合致するワールドワイドな存在でもあった。

彼の指揮で初めて演奏したのは、ヨーロッパ公演の演目だったプロコフィエフの交響曲だ。最初の印象は「とにかく細かいところをよく見ているな」だった。

彼は、音楽作りをオーケストラに任せるのではなく、「自分の中で確立したものを音にする」といった印象が強かった。それに全体を大きく流すことよりも、「この音や動きとこの音や動きがリンクするとどのように聴こえるか？」を考えていたし、音程もただ合わせるのではなく、和声の観点から「この音を強く鳴らすとどのように響くか」といった感覚を明確に持っていた。

もちろん主要レパートリーだったフランス物とロシア物は特に素晴らしく、それまで主にドイツ語圏の指揮者のもとで演奏し、ドイツ物を得意としていたN響に新しい風を吹き込んだのは疑う余地がない。

デュトワは、何しろ振っている姿がカッコいいし、コンサートマスターやメンバーへの対応もフレンドリーだった。ただ、N響における先生的な存在だったサヴァリッシュが様々なことを教えながら、ポイントを的確に指示するのに対して、デュトワはメンバーに様々なことを想像させるタイプだった。

とはいえ「リズムがこのようになっているから、この動きをはっきり出したい」といった具体的な指示もするし、素晴らしいオーケストラ・ビルダーであると同時に、合わせること以上の何かを感じさせてくれる指揮者でもあった。

それは絵画に喩《たと》えるとわかりやすいかもしれない。たとえば、印象派の絵画は、近くで見ると細かいものがランダムに描かれているように見えるのに、遠くから眺めると美しく見える。

そうした「パーツを集めることによって何が見えてくるか」を教えてくれたのがデュトワだった。要するに「縦の線を合わせるだけでは何も生まれない」ということ。絵でいえば「写実的な描き方が大事」といった構築的な方向性よりも、「全体の色彩感をどう捉えるか?」を考える。

さらに言えば、音楽の「匂い」や、「空気のような音」にも強い意味があることを感じさせ、「空間を演奏する」ことをイメージさせることができる指揮者だ。「ここところを合わせてくれ」「ここの仕組みはこうなっている」と言うだけでは、ビルは建っても真の音楽は構築できない。

以前、デュトワがリムスキー＝コルサコフの「シェエラザード」のソロ（この曲はコンサートマスターが終始、ソロを弾かされる）の部分を自分では指揮せず、私に任せてくれるという話を書いたことがある。

そうした〝任せる〟指揮者は多いのだが、デュトワの場合は、ただ任せるというより、「俺は何もしないが、お前は俺の中で遊んでほしい」といった感じだった。自由にさせるというのは、プレッシャーもかかるが、信頼の表れでもある。

そういう意味で、「彼に従う」よりも、「彼と共に歩む」「共に成長していく」といった方向性に導く指揮者、さらに言えば「一緒に作曲家や音楽を考える瞬間」を与えてくれた指揮者だった。

それに、デュトワはとにかく音楽が好きな人。常にスコアを見ているし、音楽に対する姿勢が素晴らしい。最初に彼と行ったヨーロッパ・ツアーは、私のN響でのスタート地点だったし、ウィーンでプロコフィエフの交響曲第6番の録音もしたので、とても印象に残っている。

●ウラディーミル・アシュケナージ（1937年7月6日〜）
旧ソヴィエト連邦出身の指揮者、ピアニスト。モスクワ音楽院で学び、1962年のチャイコフスキー国際コンクール等で優勝後、ピアニストとして活躍。膨大な録音を行うなど、20世紀後半を代表する存在となった。1970年代からは指揮活動にも取り組み、ロイヤル・フィル、ベルリン・ドイツ響、チェコ・フィル等のポストを歴任。N響では、2004〜07年に音楽監督を務め、退任後は桂冠指揮者となった。2020年1月、演奏活動からの引退を発表。

デュトワに続くN響の音楽監督はウラディーミル・アシュケナージだ。
我々の時代のアシュケナージは文句なしのヒーローだった。ベートーヴェンのソナタをはじめ、あのピアノ演奏はやはりすごい。私は全盛期を同時に体験していたし、ウィーンにいた頃も、彼のピアノを聴いていた。だからN響で最初にお会いしたときは、まさに「ヒーローが目の前に現れた」といった感じで、「ああ、この人、本当に存在するんだ」とさえ思った。

彼は、海外に出て行こうとしていた当時のＮ響に相応《ふさわ》しい音楽家でもあった。世界でデュトワを知らない人はいても、アシュケナージを知らない人はほとんどいないし、ピアニスト時代に培った人脈も幅広い。

Ｎ響がアメリカ演奏旅行に行ったときなど、普段はなかなか動いてくれないカーネギーホールのスタッフも、アシュケナージが頼めば要求通りに動いてくれた。それほどリスペクトされていたし、ウィーンやスペインのコンサートを新たにセッティングするといった交渉術も見事だった。そうした手腕はデュトワとは異なるものだ。

彼の望みはシンプルに「みんなと一緒に音楽がしたい」だったと思う。楽員には丁寧に接するし、ランチも近くのコンビニに行って自分のお金で買っていた。こんな指揮者はまずいない。

よく「（指揮するときの）棒がわかりにくい」と言われていたが、私から見れば十分だった。たとえば現代曲では、彼の頭の中で想像している音が、棒で表現できない次元に達していた。棒が理解しづらいときも、一緒に指揮者室に行ってその箇所をピアノで弾いてくれると、どの声部がどうなっていて、彼がどういう演奏をしたいかということがたちどころにわかる。

もはや彼の頭の中では、作曲家が書いたものを超えていて、どうすればその曲がもっと良くなるかということまで知っていた。

言い換えれば、アシュケナージは「作曲家に近い指揮者」だった。「作曲家が書いたことを自分の中に取り込んで、それを探ろうとした人」とも言えるだろうか。彼が、作曲家を物凄くリスペクトして、作品の全ての内容を細かく理解し、自分の中で消化した上でそれを表現しようとしていたのは間違いない。だからある意味、彼の見えない部分を見ないと理解できないかもしれない。

話は逸《そ》れるが、私がヨーロッパにいたときリハーサルを見学したことのあるジュゼッペ・パターネ、セルジュ・チェリビダッケ、カルロス・クライバーといった指揮者は凄かった。もう言っていることが神次元。

彼らは「作曲家がこの楽譜に込めたであろう、しかし実際の楽譜には書かれていないこと」を話す。

そうした「作曲家と向き合うことを知っている指揮者」という意味では、アシュケナージも同様だ。彼はピアノの世界的名手だから、根底では完全にできている。だからスコアを見てピアノを弾き始めると物凄い音楽が生まれる。ウィーンでリハーサルを見学したときも、彼がピアノを弾くと、楽員たちはその音楽の真意を即座に理解した。

アシュケナージは、そうした楽譜から滲み出る何かを感じ取る能力が素晴らしく、情報量も豊富だった。

何しろ彼は、ラフマニノフのピアノ協奏曲全4曲と「パガニーニの主題による狂詩曲」を2日で録音してしまうし、1年間に20枚のレコードを制作することができるピアニストだった。

「一体どういうことだ？　どんなレパートリーの持ち方をしたらそんなことができるのだろうか？」と思う。だが本人から聞いた話によると、「学生時代は1日に2時間しかピアノが弾けなかった」という。母国であるソヴィエト連邦の方針で、ピアノを弾く時間が2時間しか与えられない。それ以外の時間は「ひたすら楽譜を見て、その中から重要なエッセンスを探していたし、それが面白かった」と語っていた。

詰まるところアシュケナージは、ピアニストや指揮者という以前に「音楽家」なのだと思う。そこを見ればとても尊敬できる人なのだ。それに人間性が素晴らしい。とにかくいい人。

しかも彼は「N響は素晴らしい」とずっと言い続けていた。N響の後にオーストラリアのシドニー交響楽団の首席指揮者（2009〜13年）に就任したとき、最初に楽員に向かって、「私はこの前までN響という素晴らしいオーケストラを指揮していた」と話して皆を唖然《あぜん》とさせたという。彼はそのくらいN響を愛してくれていた。

●アンドレ・プレヴィン（1929年4月6日〜2019年2月28日）
ドイツに生まれた指揮者、ピアニスト、作曲家。1939年家族と共にアメリカに渡り、1940年代後半にはハリウッドで活動を開始。指揮者としては、ヒューストン響、ロンドン響、ピッツバーグ響、ロサンゼルス・フィル、ロイヤル・フィル等のポストを歴任し、ウィーン・フィルとも深い関係を築いた。ジャズを含めたピアニスト、アカデミー賞を4回受賞した映画音楽やクラシックの作曲家としても活躍。N響では、2009〜12年に首席客演指揮者、2012

～19年に名誉客演指揮者を務めた。

次の首席指揮者パーヴォ・ヤルヴィまでの間のシェフ格は、首席客演指揮者のアンドレ・プレヴィンだった。

彼もアシュケナージ同様のヒーローで、ジャズを含めてなんでもできる音楽家だ。その意味では本当に素晴らしかった。

ただ、N響にとって残念だったのは、当時すでに体調が悪かったこと。いつも座って指揮していたし、もはや晩年だったので、最後にN響で演奏したメシアンの「トゥーランガリラ交響曲」とマーラーの交響曲第9番は、目力だけで振っていた。

オーケストラにうるさいことも言わず、好々爺《こうこうや》といった雰囲気もあった。もしN響が、健康だった時期の彼と巡り逢えていたら、もっと違うことがたくさんできたと思うし、変な言い方だが、彼からは「人間は健康が大事だ」ということも教わったような気がする。

プレヴィンとはアメリカ・ツアーに行っているし、思い出もなくはない。ただ、私がウィーンで見ていた頃のプレヴィンは、ノリが良くて、アンコールでいきなりジャズを弾いてしまうような側面があったのだが、そうした姿はもう見ることができなかった。

それでも音楽に対して真摯《しんし》だったし、耳が凄まじく良くて、音楽的な指摘もちゃんとしていた。しかもピアノの腕は最後まで確かで、一緒にブラームスのピアノ五重奏曲をやったときも、「ごめん、そんなに速く弾けないから」と言いながら、えらく速いテンポで弾かれたことがある。それはもう「嘘でしょう。今弾けないと言ったじゃないですか！」といった感じだった。

それは、今でも宝といえる経験だった。今にして思えば、プレヴィンは「いい年のとり方をした人」だったのかもしれない。

●パーヴォ・ヤルヴィ（1962年12月30日〜）
エストニア出身の指揮者。地元のタリン音楽院で打楽器と指揮とピアノを学び、1980年家族と共にアメリカに移住した。父は著名指揮者のネーメ・ヤルヴィで、弟クリスチャンも指揮者として活躍。シンシナティ響、パリ管等の音楽監督、hr響（フランクフルト放送響）の首

パーヴォとゲネプロの際に

席指揮者を歴任。2004年からはドイツ・カンマーフィルの芸術監督、2019年からはチューリッヒ・トーンハレ管の音楽監督兼首席指揮者を務め、ベルリン・フィル等の著名楽団にも頻繁に客演している。N響では、2015〜22年に首席指揮者を務め、その後は名誉指揮者となった。

プレヴィンの時代を挟んで、2015年にシェフ(首席指揮者)になったのがパーヴォ・ヤルヴィだ。

まず彼はお父さんのネーメ・ヤルヴィ（N響にも客演している）

が凄かった。ネーメは、昔の香りを持った最後の指揮者かもしれない。だがパーヴォは逆に、新しい時代のN響を作るのに必要な人だったと言えるだろう。

世界に向けたプロフィールに日本のオーケストラのポストや演奏歴を書かない指揮者も多い中、パーヴォは自らそれを発信するような人だった。彼はアシュケナージ同様にN響を愛してくれた指揮者だった。

オーケストラにとって最初に必要なのは「スキルを上げてくれる」指揮者で、次は日本人が苦手とする「アピールをしてくれる」指揮者だと思う。

パーヴォは私と同年齢なのだが、コンピュータが得意で、N響のことを世界中に発信してくれた。その結果、彼と行った2017年のヨーロッパ・ツアーは全公演が満員になった。パリに行ったときなど、彼自身それまでパリ管弦楽団のシェフでもあったのに「N響の方が音楽的だろう」と言ったほど。そのように彼は、N響という存在を世界に押し出してくれた。

N響とイギリスに行ったとき、パーヴォは私が開いた別の演奏会にも来てくれた上に、私をある批評家に紹介してくれた。するとその批評家は、N響の評にもコンサートマスターである私の名前まで出して、その感想を書いてくれた。

ソロがある曲以外でそんなことは普通有り得ない。それを繋いだのはパーヴォだし、その批評が出たとき、「ほら、マロ出たぞ！」と言って事務所より先に送ってきてくれたのもパーヴォだった。

パーヴォには「一緒にやっていく」という感覚があって、絶対に上から押し付けず、必ず「どう思う？」と訊いてくる。「指揮者といえどもオーケストラと一緒に成長していく」ことを考えてくれている人であり、トスカニーニをはじめ独裁者が多かった昔の指揮者と違って、「オーケストラと指揮者は、作曲家に対して一緒に演奏していく仲間だ」との考え方を持った人だった。そこがパーヴォの素晴らしいところだと思う。

パーヴォとは食事にも頻繁に行ったし、プライベートな付き合いも多かった。誰に対しても丁寧に接し、とても気を使う人でもあったが、それはソ連時代のエストニアから一家でアメリカに亡命した立場ゆえの苦労に根ざすものではないだろうか。

2020年にN響がヨーロッパ・ツアーを計画したとき、パーヴォが「俺の故郷のエストニアに一緒に行かないか」と言うので、私が「それは絶対に行くべきだ」と答えると、エストニアの素晴らしいところをいっぱい教えてくれた。

結局、エストニアをヨーロッパ・ツアーのスタート地点にした。そして、5日間くらい滞在してリハーサルをし、現地の生活を見ることもできた。

指揮者としては、ディレクションというものをとても大事にする人。

さらに言えば、「音符に書いてある以上に歌う、〝エスプレッシーヴォ〟の人」だった。

とはいえ、やはり縦割りが重要なバルトークやストラヴィンスキーが特に良かったのも確かだ。

●ファビオ・ルイージ（1959年1月17日〜）

イタリア出身の指揮者。地元やパリ、オーストリアのグラーツで学んだ後、グラーツ歌劇場で活動を開始。MDR響（ライプツィヒ放送響）、スイス・ロマンド管、ウィーン響、デンマーク国立響、ドレスデン、メトロポリタン、チューリッヒの各歌劇場ほか多数のポストを歴任するなど、シンフォニーとオペラの双方で活躍している。N響では、2022年から首席指揮者を務め、2023年8月に2028年8月までの任期延長が発表された。

パーヴォの後が、２０２４年現在の首席指揮者ファビオ・ルイージだ。N響のポストに就くかなり前、彼がドレスデン国立歌劇場とウィーン交響楽団のシェフを兼務している頃に、知り合いがたくさんいるウィーン交響楽団のメンバーから、ルイージがドレスデンとあまりうまくいっていないことを聞いて、「N響に遊びに来ない？」と誘ったことがある。そこで再演したのが、N響との新たな関係の始まりだった。

N響が世界を相手にするにあたって、次に必要なのは「温故知新」、つまり「昔を知っていながら新しいものを作れる」指揮者だろう。

その意味で、サヴァリッシュを敬愛していたルイージは適任だった。ここで世界的に人気の高いグスターボ・ドゥダメルなど気鋭の指揮者に繋ぐという考え方もあるが、それでは多分打ち上げ花火に終わる。「N響の良さを最大限に生かしながら、新しい道を歩む」ことが重要ではないか。

それには指揮者と楽団に共通項が必要なのだが、ルイージにはあった。それが「サヴァリッシュ」だ。サヴァリッシュを知る世代はN響にも少なくなったが、それでも「あの指揮者は良かったね」と一緒に言ってくれることが大事。ルイージはまさにピッタリだ。

ここで温故知新が起きれば、私の役割も終わるのだが、「私が定年で辞める」と聞いた彼が「嘘だろ……」と言うので、任期を少しだけ延ばすことにした。その間に彼の2028年までの任期延長が決まったのは何よりだ。

音楽の中で大事なものに「ジャンル」がある。もちろんシンフォニーも大事だが、もう1つ大事なのがオペラだ。要するに、宗教音楽があって、シンフォニーを書くベートーヴェン、マーラー、ショスタコーヴィチなどがいて、オペラを書くモーツァルト、ヴェルディ、プッチーニ、ワーグナーなどがいて、楽器の新しい技法や表現法を紹介するために曲を書くショパン、リスト、パガニーニ、サラサーテなどがいる。

この4つの柱の中で特に大事なのが、真ん中の2つ。その両方をできたのがサヴァリッシュだと思う。ルイージも然《しか》り。しかもルイージはN響がリスペクトしているサヴァリッシュのことを深く尊敬している。

N響もシンフォニーはいろいろやっているが、これから先はオペラをどう取り入れていくかを考えなくてはいけないと思う。全面的にやれなくてもいいが、そのエッセンスを知ることが大事。ルイージならそこにサヴァリッシュのエッセンスを取り入れることができる。

メンバーがかなり変わった今のN響に昔のことを語ることができる指揮者、オペラやサヴァリッシュの良きエッセンスを知っている指揮者と一緒に歩めば、N響ももっと新しいものを得ることができるのではないか。ルイージは、そう感じさせてくれる指揮者だと言えるだろう。

彼の演奏はすべてが〝歌〟と言ってもいい。歌というのはとても大事な要素だと思う。ウィーン・フィルをはじめとする中央ヨーロッパのオーケストラは、横の流れを大事にする。縦の線を合わせる気はまるでないが、フレーズの最初と最後は合っている。これは今でも絶対に変わっていない。

ウィーン・フィルがなぜそうなるかというと、彼らはオペラ（ウィーン国立歌劇場）のオーケストラだからだ。つまり歌心をどう感じるかが肝要。やはりN響にもそれを持っている指揮者に来てほしいと思う。

もう1つ重要なのが「音質」の豊富さ。ある感情に対して「この音色が相応し

ルイージが就任した最初のリハーサルのときに

い」といった意識が物凄く強いのがウィーン・フィルをはじめとする中央ヨーロッパのオーケストラだと思う。「愛してる」というフレーズが本当に愛しているように聞こえる。イタリア人であるルイージは、そういう特質を自然に持っている音楽家でもある。

ルイージとN響は、2025年にヨーロッパのマーラー・フェスティバルで、マーラーの交響曲第3、4番を演奏する。これはとても大きな意味がある。なぜならマーラーの4番を世界で最初に録音（SPレコード）したのは、N響の前身の新交響楽団で、近衛秀磨の指揮だった。

これは、1930年に録音されたもので、

ＣＤ化もされているが、この曲の初期ディスクの代名詞のようなメンゲルベルク指揮・コンセルトヘボウ管弦楽団の録音より９年も早い。

つまりマーラーの交響曲第４番の世界初録音は日本のオーケストラなのだ。その録音を行ったＮ響がまさにその曲を携えて、ロイヤル・コンセルトヘボウ管弦楽団の本拠地アムステルダムで開催されるマーラー・フェスティバルに出演することは、とても意義のあることだと思う。

●ヴォルフガング・サヴァリッシュ（1923年8月26日～2013年2月22日）

ドイツ出身の指揮者、ピアニスト。ドイツ等の歌劇場で経験を積んだ、いわば叩き上げの指揮者で、1957年には（当時）最年少でバイロイト音楽祭に登場。バイエルン国立歌劇場の音楽監督や総監督も長く務め、Ｒ・シュトラウスやワーグナーをはじめとするオペラで多大な実績をあげた。1993～2003年にフィラデルフィア管の音楽監督を務めるなど、シンフォニー・オーケストラでも幅広く活躍。Ｎ響には、1964年以来ほぼ毎年客演を続け、1967～94年名誉指揮者、1994年から亡くなるまで桂冠名誉指揮者を務めた。Ｎ響の実質的な育ての親であり、多大な尊敬を集める存在でもあった。

N響のコンサートマスターとして演奏した中で、最も思い出深いのが、ヴォルフガング・サヴァリッシュの指揮で弾いたR・シュトラウスの「英雄の生涯」である。

「英雄の生涯」は、コンサートマスターのソロが際立った曲だが、前述の通り、こちらに任せて棒を振らないデュトワの「シェエラザード」とは逆に、サヴァリッシュは「オーケストラの中の物語の一節として演奏してほしい」と言って、独奏中も細かく指を動かしていた。それはまるで私だけにテレパシーの如くニュアンスを伝えるような動きで、聴衆はおろか、団員たちでさえ気づかなかったかもしれない。

つまり、彼にとってコンサートマスターの目立つソロも、管楽器のソロなどと同じ感覚であり、自分がスコアをピアノで弾いて作り上げた音楽を、そのまま実践に移すといった考え方だ。

でもその音楽は実に素晴らしく、R・シュトラウスの他ではシューマンなども極上だった。

とても律儀な彼は、年1回は必ず振りに来日していたので、その指揮では相当な数の演奏をしているし、ベートーヴェンの交響曲第7番などを演奏した最後の共演も、私がコンサートマスターを務めた。

そのとき一緒にイタリア料理を食べにいったのだが、サヴァリッシュに「マロ、これから先、N響は何をやればいいと思う?」と訊かれて、「今後はメンバーがどんどん入れ替わるから古典が大事だと思う」と答えたら、彼は「それはオーケストラにとって物凄く必要だ。ならばハイドンをやるのはどうだ? ハイドンならオーケストラの基礎的な能力を上げるのに相応しい」と話し、私は「ぜひやってほしい」と答えた。

これがサヴァリッシュとの最後の会話になった。

サヴァリッシュは、音楽の一番大事なポイントをよく知っていた。指揮者にはその場で起きた事件だけを捉える人が多いが、彼は、今起きた事件は今言うべきなのか、放っておけば直ることなのかの判断が的確だった。

それに、「大きな音を出すのが良いのではなく、ピアニッシモこそが一番大事だ」との考えを持っていた。「でかい、速い」を好む聴衆とはまったく逆だが、そうではない〝音楽の芯〟を大事にする人。ゆえにオーケストラからの評判はすこぶる良かった。

サヴァリッシュはとてつもなく博学で、N響のメンバーは皆尊敬していた。何しろ、私が初めて彼に会ったとき、握手を求めに行ったら、「マロがサヴァリッシュに手を差し出した」と驚かれたくらい。それほど近寄り難い存在でもあった。

●ヘルベルト・ブロムシュテット（1927年7月11日〜）

アメリカ生まれのスウェーデン人指揮者。ストックホルムやザルツブルク等で学んだ後、北欧の様々な楽団や、ドレスデン国立歌劇場管、サンフランシスコ響、北ドイツ放送響、ライプツィヒ・ゲヴァントハウス管等のポストを歴任。2010年代からベルリン・フィルやウィーン・フィルの常連になるなど、年齢を重ねるごとに名声を高めている。1986〜2016年名誉指揮者、2016年以降は桂冠名誉指揮者を務めるN響にも、毎年のように登場。生気漲る音楽で絶大な人気を博している。菜食主義者としても有名。

ヘルベルト・ブロムシュテットも、ほぼ毎年N響を振りに来てくれる指揮者だ。

現在97歳だが、とにかく元気。面白かったのが、直近のベートーヴェン・チクルスでエロイカ（交響曲第3番「英雄」）をやったとき、えらくテンポが速いので、「速すぎませんか？」と訊いたら、「いや、ベートーヴェンはこう書いてるんだ」と言う。そこで「前に来たときは随分遅かったですよね？」と言うと、「そんなの忘れた」と答える。

彼は常に新しいものに興味を持っていて、楽譜を読み込んで新しいことに気づくと、それを実践するのを楽しむ人なのだ。言い方は悪いが「老人なのに少年の心を持った指揮者」だ。年をとってくると新しいものを拒む人が多い中、新しいものへの好奇心が旺盛で、「自分は今これに興味があるんだ」ということを一生懸命に話す。

「こうしろ」と指示するタイプと思っている人も多いかもしれないが、まるで逆。いろいろなことをたくさん話して「いいでしょう、素敵でしょう」と言う人だ。

一方で、「違う、もっとこんな感じで」と言いながら何回も繰り返すこともあるので、厳しいと捉える楽員もいるかもしれないが、私は「この年になって、まだこんなことに興味を持って、それをやろうとしているんだ」と感心してしまう。

だから彼のリハーサルは楽しい。
最近では、マーラーの交響曲第9番（2022年10月）が印象深い。若いコンサートマスターの郷古廉と共に演奏したのだが、終わった後に郷古が「今日までヴァイオリンをやっていて本当に良かった。こんな風に思ったのは人生で初めてです」と言ったほど。それくらいの名演だった。

●ロリン・マゼール（1930年3月6日～2014年7月13日）
アメリカ国籍の指揮者。ヴァイオリニスト、作曲家としても実績をあげた。8歳でニューヨーク・フィルを指揮してデビューし、10代で全米の大半のメジャー・オーケストラを指揮するなど神童として話題を集め、ベルリン・フィルやウィーン・フィルをはじめ常に第一線で活躍。ベルリン・ドイツ・オペラ、ベルリン放送響、クリーヴランド管、フランス国立管、ウィーン国立歌劇場、ピッツバーグ響、バイエルン放送響、ニューヨーク・フィル、ミュンヘン・フィル等、多数の著名ポストを歴任し、巨匠として名を馳せた。N響とは2012年10月に1度だけ共演。

ロリン・マゼールは、私がウィーン時代から付き合いがあった指揮者だ。学生

ロリン・マゼールと東京文化会館のリハーサルで
撮影：山本倫子

時代に当時のコンサートマスターのゲルハルト・ヘッツェルと知己《ちき》があって、ウィーン・フィルのリハーサルを見学させてもらう機会があり、そこで知り合った。

マゼールは音楽的にも素晴らしいし、人間的にはさらに素晴らしい。彼はオーストリアの歌劇場のシェフになった初のアメリカ人指揮者でもあった。その意味で大変苦労しているのも確かだが、滅茶苦茶ジョークが好きな人でもあった。

N響を振ったのは1回（4プログラム）だけだが、やはり天才だと思った。彼は特別な耳を持っていて、オーケストラの全ての音が聴こえている。

大晦日に特別編成のオーケストラでやっているベートーヴェンの交響曲全曲演奏会でも、一度振ってもらった。彼はそのとき自分専用の譜面を持ってきた。実は彼、今の若い人にはあまり知られていないが、人並外れたヴァイオリンの名手でもあった。

それゆえ、譜面にはボウイングや指使いなど様々な書き込みがしてあるのだが、これが結構難しい。だが私がそう言うと、「そうか、でも俺はこれ弾けるぞ。俺が弾けるくらいだから大丈夫だ」と言う。

実際やってみると、それが案外理に適っているので感心してしまう。もっと面白いのは、ティンパニに7つの音を書いていたこと。つまりティンパニに音程があるわけで、作曲当時には絶対に有り得ない。しかし彼いわく、「ティンパニはメロディ楽器だし、ベートーヴェンが生きていたらここまでやっていたかもしれない」。

普通そんなことをやったら違和感があるはずなのに、聴いてみるとまったく違和感がなかった。そうしたアイディアを常に考えながら演奏していたすごい人だった。

いずれにせよ、留学時代に接したマエストロと、自分が所属するオーケストラで一緒に演奏できたのは、何より嬉しかった。

●ロジャー・ノリントン（１９３４年３月16日〜）
イギリス出身の指揮者。ロンドンで学び、１９７８年には古楽器のオーケストラ「ロンドン・クラシカル・プレイヤーズ」を設立。１９９８〜２０１１年にはシュトゥットガルト放送響の首席指揮者を務めるなど、数々のポストを歴任し、ノン・ヴィブラート奏法をはじめ、古楽の様式を応用した独自の表現で話題を集めた。Ｎ響には、２００６、11、12、13年に客演。

ロジャー・ノリントンが初めてＮ響に客演したときの最初のリハーサルで、彼が私に向かって、「ノン・ヴィブラートでやりますか？」と聞いてきた。私が、すかさず、「いいですね。やりましょう」と答えると、笑いながら後ろを振り返って、見学していたスタッフに向かって、「彼のギャラを上げてやってくれ」とジョークで返してくれたのがいい思い出だ。

でも、実は、ノン・ヴィブラートにこだわったわけではなく、「どちらでもいい」とも言っていた。

彼は、ほかの古楽系の指揮者とは違って、完璧なる原典主義者ではない。シュトゥットガルト放送交響楽団のシェフ時代もそうだったように、ノン・ヴィブラート等の古典奏法を取り入れて「新しい何かを感じる」のを喜ぶ人だった。

N響でエルガーのチェロ協奏曲をやったとき、ソリストの石坂団十郎がノン・ヴィブラートで弾こうとして苦しんでいたので、「ノリントンはそれにこだわっていないよ」と話したのだが、団十郎は悔しいからと言って、全部ノン・ヴィブラートで演奏した。

するとノリントンは、「エルガーの協奏曲は何度も演奏しているけど、ノン・ヴィブラートで弾いたソリストは初めて。実は1回聴いてみたかったんだ」と言っていた。それくらいの感じなのだ。

ただ、彼が「これまでなかったようなサプライズがほしい」と考えていたのは間違いない。「ありきたりのものをそのまま流していたのでは、音楽は進化しない。新しいエッセンスを誰かが残していくことによって音楽は進化していくのではないか」との考えを持っている人である。

だからオーケストラの配置を変えたりもする。私が「この配置では無理でしょう。これは歴史上で誰かがやったのですか?」と訊くと、「いやできるかもしれない。誰もやってないからやるんだ」と答えて、真顔でやるのがノリントンだ。ノン・ヴィブラートの音が直線で伸びていくピュアな美しさというのもたしかにあった。でも先ほど書いたように、彼はそれが全てだとは思っていない。N響を振った指揮者の中ではクリストファー・ホグウッドの方がもう少し古楽寄りだった。

でも、ホグウッドもN響で可能なことしか要求しなかったし、ノリントンはそれ以上にこだわりがなかった。彼はあくまで「可能性を試している人」であり、「既成概念だけで音楽史は動いていないのだから、何か可能性があるのではないか」と考えて一生懸命実験し、それを楽しんでいる人なのだ。

●トゥガン・ソヒエフ（1977年10月21日～）

ロシアの北オセチア出身の指揮者。サンクトペテルブルク音楽院で学び、2001年にマリインスキー劇場でデビュー。その後トゥールーズ・キャピトル国立管の指揮者として頭角を現し、2008～22年同楽団の音楽監督、2012～16年ベルリン・ドイツ響の音楽監督兼首席指揮者、2014～22年ボリショイ劇場の音楽監督兼首席指揮者を務めた。2022年のロシアのウクライナ侵攻を受けて全てのポストを辞任したが、ウィーン・フィル等の著名楽団から高い支持を集めている。N響とは2008年10月に初共演。特に2016年以降は共演を重ねている。

N響にポストを持つ指揮者やすでにビッグネームだった指揮者以外でとりわけ印象的だったのが、トゥガン・ソヒエフだ。

彼の初めてのN響客演は、代役で振ったショスタコーヴィチの交響曲第5番などだった。それがあまりに素晴らしく、まだ若いのに音楽への理解が非常に深かった。「見えないものを指揮できる」人とも言えるだろうか。

指揮の重要なポイントは、それ自体に感情がない楽器を弾いているのとは違って、生身の人間（楽員たち）が演奏すること。従って「誘導していく」手腕が求められる。

そのときにどういうテクニックが必要か？　彼はそれがわかっている。それにソヒエフは、作曲家が書いた小節の節目を大事にし、「作曲家がその先に考えた何か」を指揮棒で表すことができる。これは不思議な特殊能力だと思う。

帝王カラヤンが最後に勉強したのは催眠術だったという。少し違うのだがそれ

「フォースを持つ男」
トゥガン・ソヒエフと

に似たものかもしれない。ソヒエフは「自分たちの想像を超えた先のものを見せることができる若手指揮者の一人」である。

それはある種の直感力と言ってもいい。緑茶を「これはコーヒーです」と言って本当にコーヒーに見せることができる。そのような「自分と同じイメージを植え付けることができる能力」は、勉強だけで取得できるものではない。

こうした能力は、最初のリハーサルの冒頭1分でわかる。なので最初に客演したときはまだ30代の無名の指揮者だったが、「すぐにまた呼んだほうがいい」ということになった。

今やウィーン・フィルやベルリン・フィルに引っぱりだこの指揮者になったが、N響との相性も凄くいい。全てがナチュラルで、音楽に対してフレキシブルだし、彼のいるところだけは重力が違うというか、ある種の力＝フォースを強く持っている。若手で感心した指揮者は何人かいるが、ソヒエフは別格だと思う。

●ネッロ・サンティ（1931年9月22日～2020年2月6日）

イタリア出身の指揮者。1951年パドヴァのヴェルディ劇場にてデビューし、以後チューリッヒ歌劇場、メトロポリタン歌劇場、ミラノ・スカラ座、パリ・オペラ座、ウィーン国立歌劇場、バイエルン国立歌劇場その他、欧米各地の名門歌劇場で活躍。イタリア・オペラの巨匠として名を馳せ、バーゼル放送響の首席指揮者等も務めた。N響には、2001年から14年まで10回に亘って客演。イタリア・オペラを中心としたレパートリーで独自の存在感を示した。

イタリア・オペラをやってもらうためにN響に呼ばれたのがネッロ・サンティ。彼は私の読響時代にも来てもらったことがある。

サンティは、ヴェルディ、プッチーニ、ロッシーニを振ると〝神〟になる。いわば古き良き専門職だ。ヨーロッパでシンフォニー指揮者以上に重要視された、いわゆる〝カペルマイスター〟で、イタリア・オペラを振らせたら本当に凄かった。

何しろリハーサルから全て暗譜で振る。しかも、練習番号や歌詞まで全て覚えていて、パート譜に間違いがあったらその場で即座に直せる。しかも全ての歌を歌えるし、全ての楽器を弾ける。私のヴァイオリンを取り上げて遊ぶし、管楽器の替え指まで知っていて、「こうした方がいい」とすぐに指摘できる。

話は飛ぶが、イタリア物ならサンティやパターネ、ドイツ物ならサヴァリッシュやホルスト・シュタイン。彼らは皆、譜面に歌詞を全て書ける。

学生時代にシュタインから、「お前はこの曲を知っているか？　これに書いてみろ」と言われて、白紙の五線紙を渡されたとき、ヴァイオリン・パートを書いたら、「何をやってるんだ」と言いながら、全パートと歌詞を含めた完全なスコアを書いて「これが暗譜だ」と言い放った。

サンティもそうした真の巨匠だった。サンティが振ってくれていた頃は、N響も毎年イタリア・オペラをやっていた。ルイージもそれができる人なので、今後はまたイタリア・オペラを取り上げると思う。

●ワレリー・ゲルギエフ（1953年5月2日〜）

ロシア出身の指揮者。レニングラード音楽院（現サンクトペテルブルク音楽院）を卒業後、当地のキーロフ劇場（現マリインスキー劇場）の指揮者となり、1988年35歳で音楽監督に就任。1996年には芸術総監督に就任し、同劇場を世界的な存在に引き上げた。ロッテルダム・フィル、ロンドン響、ミュンヘン・フィルの首席指揮者も務め、日本のオーケストラにもたびたび客演。N響とは、1996、2002、2009年に共演している。

今となっては世相の関係で触れづらい人だが、ワレリー・ゲルギエフも本当に素晴らしい指揮者で、とてもいい音楽家だ。

ゲルギエフとは、ストラヴィンスキーの「春の祭典」やプロコフィエフの交響曲を演奏したし、マリインスキー劇場のオーケストラと合同でショスタコーヴィチの「レニングラード」交響曲もやった。

そのときは20型か22型の巨大編成で、「レニングラード」は細かく練習したものの、併せて演奏する予定だったチャイコフスキーの弦楽セレナードを練習する時間がなくなってしまった。でも本番はうまくいった。彼は瞬間的に全体を揃えるのがとても上手いのだ。

ゲルギエフの指揮はわかりにくいとよく言われるが、実はよくわかる。あの振り方でも進むべき方向は全部わかる。管楽器奏者はわかりにくかったかもしれないが、弦楽器奏者は理解しやすかった。

それに実を言うと、リハーサルのときはきちんと振っていた。しかし本番になるとそのように振らないのだ。

この共演の後も、ゲルギエフとは不思議な縁が続くので、それを紹介したい。N響の定期公演のときに、ピアニストのアレクサンドル・トラーゼとパーヴォの3人で焼鳥を食べにいったことがある。そのとき、トラーゼに「今後、共演したい指揮者はいるか?」と訊かれたので、私はパーヴォに気を遣うことなく「ゲルギエフと再演したい!」と答えた。パーヴォが大笑いしている中、ゲルギエフと親交が深かったトラーゼが、その場でゲルギエフに電話をしてくれたのだ。

携帯電話を渡されたので、ゲルギエフに「また、一緒に演奏したい」と話したところ、「ぜひ、やろう」と答えてくれたが、そのときはリップサービスかなと思っていた。

ところが、その一週間後のことである。ウィーンでの演奏会の帰りの飛行機に搭乗したところ、「一人、お客様が遅れているので、しばらくお待ちください」とのアナウンスが。その「一人」がゲルギエフだったのだ。

私が1列目で、彼が3列目。「なぜ、指揮者である私の前に、コンサートマスターのお前が座っているんだ」と冗談めかして話していたが、その後、機内での11時間をずっと彼と会話したり食事をしたりしながら過ごすことになった。電話魔で有名な彼だったが、機上ということで電波がつながらなかったせいもあるかもしれない。

以前の電話口での約束も覚えてくれていて、その場でスケジュール表を開くと、本当にスケジュールを押さえてくれた。

そして、2009年11月のNHK音楽祭でゲルギエフとの再演が実現した。しかも、前半の最後の曲、プロコフィエフのピアノ協奏曲第3番のソリストは、なんとトラーゼ！　今でも忘れられない演奏体験だ。

第6章

いま、日本の音楽界に、そして故郷に伝えたい思い

夢があるから人生は輝く。

自分が憧れていたジュニアオーケストラを作る

N響に入る前年の1996年、「東京ジュニアオーケストラソサエティ」を立ち上げた。

私の子ども時代には地元にジュニアオーケストラがなかった。大人のアマチュア・オーケストラに入れてもらい、それもいい経験だったが、子どもだけのオーケストラがあったらいいなあと思っていた。

また、父が常々「子どもの可能性は無限大だ」と言っていたので、私も子どもたちに音楽を教えてみたいと思っていた。やってみたいと父に話すと、こんなことを言った。

「教育はね、教えるんじゃなくて育てんと。その子の個性を育てんと」

「マニュアルだけで、犬の調教のようにしても無駄やろ」

両親がやっているのは、本来子どもが持っている柔軟性と好奇心をフルに発揮させる教育法。善悪の判断力や決断力と行動力は、自らの経験で身につけさせる。時に無茶をすることも大事。勉強ではなく、音楽を通じて「生きる力」を身につけさせる。楽器を弾くことを通じて、責任感を身につけ、他人を思いやることや、互いを支え合うことができるようになる。

私は当時33歳。もっと年齢を重ねてから動くべきかもしれないが、子どもたちの成長を肌で感じたいという思いは強くなるばかりだった。演奏家の友人たちに声をかけて各楽器のパートすべての講師を集め、設立に向けて動き出した。

スポンサーをつけると、それはそれでありがたいが、面倒な面もある。運営は自分がヨーロッパで体験してきた「Spenden《シュペンデン》(ドイツ語で、見えない善意・寄付の意味)」の形態を貫こうと、募金で運営することにした。

「1カ月分の活動費を集めたいから、みんなも缶コーヒー1本買うお金を募金箱に入れてほしい」

保護者やスタッフたちにそう言うと、楽しみながら募金してくれるようになった。派手なことはやらなくてもいいから長い間楽しんでくれればいい。

一期生には、今やプロの音楽家になり、講師を務めてくれている人もいる。そして、このジュニアオーケストラも今、次世代への伝承が行われている。東京ジュ

チャリティコンサートの様子。第1ヴァイオリンは私、第2ヴァイオリンは青木尚佳、ヴィオラは中村翔太郎、チェロは桑田歩

東京ジュニアオーケストラソサエティ支援のチャリティコンサートのチラシ

ニアオーケストラソサエティはプロを育てるためのオーケストラではない。音楽を通じて人と人とのコミュニケーションを感じてもらい、お互いに助け合い、ひとつの目標に向かって、決してあきらめず、みんなと感動を分かち合う、そんなオーケストラを目指している。

「音楽はあくまでも趣味」と言っている子も多いし、音楽大学に入学する子もいる。多種多様な分野に進み、音楽の素晴らしさをまた次の世代に伝えてくれたらいい。

指導者にも、子どもたちにも必要な精神、それは「守破離」

優秀だが個性が強いのもこのオーケストラの特色。自己主張の強い子が実に多い。月に2回程度の練習と合宿、指揮者を迎えての集中練習。定期演奏会や各種施設訪問によるチャリティコンサートなどの活動に取り組んでいる。

北九州ジュニアオーケストラとコラボ演奏会をやったとき、東京ジュニアオーケストラソサエティの団員たちは演奏会前も整列せずにばらばら。話も聞いていないように見えるのだけど、実は聞いているし理解していて、演奏となるときちんとやる。子どもたちだけで意見を出し合って練習を進め、帰りの会もきちんとやる。そういうところはヨーロッパの音楽学校の光景のようだ。

「education（教育）」の由来は、educe=「能力を引き出す」という言葉。個人の可能性を引き出し、そこに方向性を与え導く「instruction」、このふたつが一体となって初めて教育というものが成り立つ。その刺激ツールとして、音楽は最も相応しいと考えている。

子どもは自分で考えてやることが一番大事。遠回りしても、失敗しても、自分で考えたことならすべて身につく。自分で考えて、自分で選んでやったことなら楽しいはず。

「早くうまくなりたかったら、マロのところに来ちゃダメ」

私は早くうまく弾けるようになる奏法を教えるのではなくて、一緒に考える。

指導者に大事なのは「守破離」の精神なのだ。

師の教えのとおりに型を守る「守」の段階、次に他流派の教えも取り入れ型を破る「破」の段階、最後に師から離れ独自の型を作る「離」の段階という三つの段階からなる一連の修行の過程を示している。

茶道や武道における修行課程を表す言葉で、私は子ども時代、少林寺拳法を習っていたときに先生が教えてくれた。戦国時代の茶人、千利休の教えに由来すると言われている。

「守」。まずは守らなければならない基本を教える。さまざまな体験をさせ、一緒に考える。時間はかかるが基本をしっかり身につける。でもそこにとどまっていてはいけない。

「破」。師が教えたものを自ら破っていく。与えられることに慣れてしまうと、それを繰り返すことしかできなくなる。いつか、一緒に考えている間に突拍子もない考えを持つようになってくる。

「離」。師のもとを離れてひとり立ちをする。自分たち、新しい世代のかたちを作っていかないとならない。自分が教わったものから旅立って新しい自分を作っていくことが大事。

暗記させることや、正解への近道を教えることではなく、考えさせ、飛び越えさせ、飛躍していく子どもたちを見送る。守破離こそが指導者が心に刻むべき言葉だ。

現代は情報がありすぎる。なんでも検索すれば出てくるし、知らない曲もYouTubeですぐに聴けるし、動画で演奏法を学ぶことだってできる。

若い人たちに何かを言っても、すでに知っていることがほとんどかもしれない。でも、その多くはなんとなく感覚で知っているだけ。それは自分が出した答えではなくて他人の答えであり、どこかで読んだ他人の経験だろう。

唐突かもしれないが、私の好きな「スター・ウォーズ」の世界を例にしよう。ジェダイは自分なりの闘い方を得る。ジェダイは「フォース」と呼ばれる力を信奉する集団で、ライトセーバーを用いて戦う。ジェダイに指示するのがパダワン。パダワンはテンプルで一人前のジェダイになるための教育を受け、訓練を積む。トライアルに合格してパダワンとなると、初めてテンプルの外へ出て、師匠と共に広い銀河で任務を遂行できるというわけだが……かえって、わかりにくくなってしまっただろうか。

室内楽の世界を広く分かち合いたい

２００４年、銀座・王子ホールで「ＭＡＲＯワールド」がスタートした。私がずっとやりたかったサロン風の室内楽の演奏会で、２０２４年は20周年。演奏会も50回を超えた。

私は人と音で会話をする時間と空間を大切にしているが、室内楽はその極み。室内楽とは少人数編成の器楽合奏音楽。2名以上9名ぐらいまでの演奏者で行うものを指し、形態は様々。大編成のオーケストラに比べ、各楽器がさらに密接に関わり合うことが要求される。

作曲家の意図を前提に、演奏者同士の「こうやりたい」という意思やアイディアを尊重しながら、ひとつの方向へ進み音楽を作り上げていく。音楽上のやりとりは会話よりもむしろ、相手のことがわかる。

密にコミュニケーションを取りながら様々な角度から分析し、すべての奏者が納得できる最良のものを築き上げる。互いの意思を尊重しながら自分の意見もはっきり伝える。

さらにステージ上から客席のみなさんともキャッチボールをしたい。イメージはヨーロッパのサロン。サロンとはフランス語で「客間」を意味する。その部屋の主人が芸術家や作家などを招いて、演奏や知的な会話を楽しむ。

19世紀前半のパリでは、サロンが最も光り輝いていた。パリ時代のショパンは公開の場での演奏会はほとんど行わず、自宅に友人を招いての演奏会やサロンでの演奏を好んだ。

そういった交流の場を作りたい。思いは日に日に大きくなっていった。ちょうどその頃、王子ホールの星野桃子チーフ・プロデューサー（現在は支配人兼務）から声がかかったのだ。

プロデューサーと二人三脚で創りあげた世界

星野さんは群響時代から私のことを知っていたらしく、何度か私の演奏会を聴きに来てくれたそう。そして「この人ならトークを交えた演奏会も面白そう」とピンときたという。

それまでも様々なホールから声をかけてもらったこともあったが、空いている日に演奏会をやってくれというだけの依頼だった。

明確なアイディアを持っていたプロデューサーは星野さんが初めてだったので嬉しくなり、私たちはお互いにやりたいことを話しあった。

「曲を演奏して終わりっていうだけの演奏会じゃなくて、そのバックグラウンドとか、作曲家の人となりに触れられる演奏会をしたいんだけど、どうだろう？」

提案すると、彼女もまさにサロンコンサートをやりたいと考えていたようで面白がってくれた。

「今までにない形だけど大丈夫かな？」

「ない形だからいいんじゃない？」

話はトントン拍子に進んだ。つくづく、人生は縁だ。

ヨーロッパでは今でも、前半で作曲家や作品についてわかりやすく解説し、後半でその作品を通して演奏する形式の演奏会が広く行われている。演奏者も聴衆も、そこにいる人がみんな何かを持ち帰れる。

私が日本でやりたいことも、会場全体でのキャッチボール。私がナビゲーターとして喋るし、一緒に演奏するメンバーにも喋らせる。即興演奏もある。その場にいる全員が親しい距離で音楽を共有できる小規模の演奏会には、音楽会本来の醍醐味がある。

でも20年前は演奏会中に演奏者が喋ることも、プログラムにない曲を弾くことも、異なるジャンルのアーティストとのコラボレーションも稀だった。

さらにもう一点、私がやりたかったのがひとりの作曲家だけを採りあげること。当時、演奏会は複数の作曲家の曲を取りそろえる方が好まれていた。でも、ヨーロッパのサロンでは「今日はブラームスでいきましょう」なんてやっていた。

星野さんの頭の中には「MAROワールド」を定着させるための計画があって、第3回ぐらいまでに軌道に乗せられたらと思っていたそう。私も意見を出し、作曲家をテーマにしてサロンづくりをして、コラボもやっていこう、となった。

まずは2004年1月に「ニューイヤーコンサート」を開催し、ウィンナ・ワルツの世界をお届けした。私の中ではこのときが「MAROワールドVol.0」という位置づけ。ステージ上から聴衆にワインをふるまうという、コロナ禍を経た今では考えられない趣向を楽しんだ。

サロン「MAROワールド」へようこそ

第1回は誰を取り上げるのか。

「シューベルトがやりたい」

シューベルトは私がウィーン時代に友人たちと奏でた思い出がある。

「客が入らないかもしれないけど、チェロ2本でやりたい」

そう言うと、星野さんはハッとした表情になった。

「シューベルト、いいじゃない」と。でも、ホールのスタッフは「実はシューベルトはあまりチケットの売れ行きが芳しくないんです」と言う。私が「大丈夫かな」と言うと星野さんは「そんなこと気にしてどうするの」と後押ししてくれた。

「歌曲集『白鳥の歌』の朗読もやりたいんだけど、誰かいい人いないかな」と聞いたら、俳優の篠井英介さんを呼んでくれた。他ジャンルとのコラボも実現したのだ。

２００４年３月、「ＭＡＲＯワールドＶｏｌ・１」はシューベルトの弦楽三重奏曲と弦楽五重奏曲でスタート。以来、ＭＡＲＯワールドでは毎回ひとりの作曲家を取り上げるのが基本コンセプトとなった。

ＭＡＲＯワールドでは、作曲家が生きた時代を味わってもらうために様々な工夫をしている。会場に来てくれたみなさんがヨーロッパのサロンの雰囲気に浸れるよう、シャンデリアなどの舞台小道具を使い、演奏会で扱う作曲家の出身地のワインを選び、ホワイエには私が現地で買ってきた美術品などを持ち込む。幕間にはケーキやお菓子を出していたけれど、コロナ禍以降はおみやげに持って帰ってもらうようにした。

トークコーナーで曲の解説をし、隠れたエピソードを披露。若手メンバーを紹介するのと同時に、プログラムにない曲を突然「弾いてみて」と無茶ぶりして、観に来てくださった方々に楽しんでもらっている。

というより、私が楽しんでいる。その場で起きるイレギュラーな表現やハプニングにみんなで合わせていくのが面白い。

まさに「ＭＡＲＯワールドへようこそ」と、自宅に招いている気分。足を運んでくれたのだから、最高のおもてなしをしたい。自分たちが楽しいから、聴く人も楽しいだろうと思っているけれど、どうだろうか。

「マロ」という名前が独り歩きし始めた

ＭＡＲＯワールドは、若手演奏家に活躍してもらうことにも重点を置いている。若手演奏家の起用にも、ホールのスタッフが協力的に取り組んでくれた。私が声をかけるのは、一緒に音楽を楽しんでくれるメンバー。「マロと遊ぼう」と声をかけるので、遊んでくれるメンバーともいえるだろう。

とはいえ、遊びではなく、あくまでプロの仕事。彼らの演奏を聴き、話をし「何か面白いことをやろうとしている」と感じたら、誘っていた。シリーズ最初の頃は、海外留学から帰ってきたばかりのメンバーや、学生だったメンバーもいた。

私には出身大学のつながりがないので、自分で聴いてみてピンときた演奏家に声をかけていた。そのうちに人の紹介などでどんどん輪が広がっていった。

ブラームスが自らのサロンに若き日のクライスラーを呼んでいたように、その場でみんなに紹介していく。そういうこともやりたいから積極的に若い演奏家を入れる。

彼らは今や国内オーケストラで主要な位置を占め、コンサートマスターや首席奏者を務めたりとクラシック音楽界を牽引している。MAROワールドを始めた頃は若手だった彼らももはや中堅となり、さらにその下の世代も育ってきている。

自分もそうだったが、若いと無茶ができる。人間は年齢とともにいろいろなものが見えてきて、「あれをやったらこうなるな」という展開も読めてくるし、無難な落としどころを探るようになってしまう。でも、若いうちはそんなことを考えずに、周りに止められようが何しようが自分がやりたいことをがむしゃらにやったりする。私はそういう勢いを持った人間に魅力を感じる。


最初は私に遠慮していた若い演奏家たちがだんだん打ち解けてくる過程も楽しい。「マロさん」というニックネームで呼んでもらえるのも、距離を縮めやすい。そもそも単なるニックネームなのに「MAROワールド」という演奏会のタイトルとなったこと自体が面白い。

20年前にこの企画を始めた頃は「MAROワールド？　MAROって何？」と

首をかしげる人もいただろう。音楽家仲間たちは「マロ」と呼んでいたけれど、ヨーロッパにいたときのようにミドルネームとして使っていなかったので、一般の人は知らなかった。

ＭＡＲＯワールドのおかげで日本でも「マロ」が定着し、今ではフライヤーにも「篠崎〝マロ〟史紀」と書くようになった。一般の方々が「マロさん」と声をかけてくれるようになったのも、この企画がきっかけかもしれない。

愉快で真剣な合奏団「ＭＡＲＯカンパニー」誕生

若手演奏家たちとＭＡＲＯワールドを続けているうちに、もう少し大きい編成で楽しみたいと思うようになった。２００７年秋の「Ｖｏｌ・８　バッハ」の回で弦楽アンサンブル「ＭＡＲＯカンパニー」がデビュー。そのときの演奏会では弦楽器以外の仲間、オーボエとチェンバロも加わった。

類は友を呼ぶのか、私が声をかける演奏家たちはみんな個性が強い。でも、音楽を楽しみたいという同じ方向を向いているから、協調性も強い。

私は長くウィーンで暮らした。今は日本で演奏活動をし、日本語を話しているけれど音楽に対する感覚は、ドイツ語の方が表現しやすいことが多い。

私の中にはふたつのキーワードがある。

「みんなで一緒に演奏をする」という意味合いの「musizieren《ムジツィーレン》」。

「遊ぶ」という意味のほかに「感じ合う」という意味の「spielen《シュピーレン》」。英語の「play」に相当する言葉というとわかりやすいだろうか。

このふたつをキーワードにして演奏していく。演奏家だけが楽しむのでなく、それを心から楽しんでくれる人をたくさん増やしたいし、たくさん育ってほしい。

「楽しい」っていうのは心にしみる、記憶に残るということ。おいしい料理を食べるときに食事を楽しむという言い方もあるけれど、つまり五感で感じるということで、とても感覚的なこと。

ドイツ語だと「Musikkollege《ムジークコレーゲ》」。コレーゲっていうのは仲間という意味。私たちはみんな音楽の仲間たちなのだ。

「楽興の時」で、室内楽の楽しさを教える

私は故郷をとても大切にしている。故郷を大事にできなければ、どの土地も大事にできない。

あるとき、同郷で海外留学の経験もあるピアニスト、中川淳一さんと室内楽の重要性や音楽におけるコミュニケーションについて話す機会があった。

ひとりですべてが完結してしまうピアノという楽器は、本人が望まなければほかの楽器と音の対話をする機会がない。そう思った中川さんは、最初は自分が同世代のピアニストと一緒に室内楽の素晴らしさと重要性を知ってもらうためにリハーサルを公開し演奏活動をしていた。

そのうちに、子どもたちの音楽観を成長させるためには自分の楽器以外との共演は必要不可欠だと考えるようになったという。私もその必要性に共感し、協力することとなった。

2007年、中川さんが代表となり「楽興の時」という若き音楽家の室内楽セミナー&講演会をスタートさせた。

ヴァイオリンの講師として参加する私も「ピアノの子たちといろいろやりたい」と、ワクワクしていた。ピアノ講師はピアニストの田中美江さんという、同郷で幼い頃から現在まで数え切れないくらい共演している方だ。私のことはなんでもわかっている。ピアニストとしても教育者としても素晴らしい。

大規模な室内楽曲を体験する導入として、まずヴァイオリンの小品のピアノパートを演奏することで他楽器との融合を体感してもらうことにした。ヴァイオリンの小品には、短いながらもその作曲家の魅力的なエッセンスが詰まっている。ヴァイオリンとピアノの緻密なやりとりが含まれた曲もたくさんある。

まずヴァイオリンの立場から、その音楽が求めているイメージを子どもたちに伝える。

「家に帰って『夕飯はカレーだ!』と嬉しくなったときみたいに」「寝ている赤ちゃんをそっとのぞきこむように」などとイメージを伝えると、最初は緊張気味だった子どもたちの顔が笑顔になり、目つきがだんだんと変わってくる。

そういった抽象的な内容を、ピアノのテクニックとして具体化するためにはど

ピアニストの田中美江さんとの共演。田中さん（姉ちゃん）には、コンクールを含め何度も共演させていただいた

うしたらいいかを、私の「姉ちゃん」――田中先生が教えてくれている。

私は偉い人ではないので「恩返し」というほどの大げさなことをしているつもりはない。ただ、近所の人や市場の人たち、北九州交響楽団のメンバーから受けたいい影響を、自分も次の世代に伝えていきたい。一曲を完成させたときの満足感と達成感を味わうことは子どもにとって大きなこと。その経験こそが糧《かて》となる。

父は私の自主性を重んじつつ、見守ってくれた。自分の意志で行動するよう、自分の意志でコミュニケーションを取り、演奏家同士の関係性を作り上げることを学んだ。

「インタープレイ＝合奏協調精神」という観念は私がジュニアオーケストラを指導するときに作った勝手な合成語だが、子どものうちにこの精神を体験することで、自立を促進できるのではと考えている。

子どもたちの想像力は無限

大人は子どもに考えさせる前に正解を教えたがる。正解に早くたどり着くための近道を教えがちだ。それより大切なのは憧れを教え、好奇心を持たせ、考えることを教える。この3つができるようなことを一緒にやること。

答えは教えない。答えが出るまで子どもと一緒に考える。考えるというより喋る。ディスカッションではなく、ただ喋っているうちに子どもはアンテナと自分の脳の中の記憶を引っぱりだしてくる。子どもの脳の動き方をなめたらいけない。わからないものでもそこから感じ取る力を持っている。

子どもと触れ合うことで、私もたいへん刺激をもらっている。

「今のフレーズを聴いてどう思った?」と尋ねたときに「ウンコがドンドンッて出てくる感じ!」と言った男の子には大爆笑。とても気分がすっきりすると言い表したかったのだろうか。なんとも子どもらしいし、的確な表現ではないか。

幼稚園児や小学生の男の子はウンコが大好き。「永遠の5歳児」である私も同じようなもの。「楽譜にウンコシールを貼ってあげる」と、石川県金沢市で買ってきた金色のウンコシールを貼ってあげると、すごく喜ばれた。

でも、喜んでくれるのは男の子だけ。中学生や高校生の女の子の楽譜に貼ると、眉をひそめられてしまう。女子の学級委員長に「先生、篠崎くんが!」と、注意されていた頃の私から、まったく成長していないようだ。


「十二音技法」を創始したオーストリアの作曲家シェーンベルクの曲を子どもに聴かせたことがある。大人でも難解だという人も多いシェーンベルクを子どもたちはどう理解するか。

「虹が18色ある」

そんな感想を書いた子がいた。18という数字がどこから出てきたのか。見えたのか。それはその子にしかわからない。

北九州がみんなの第二の故郷になってほしい

北九州市では毎年秋、世界中の一流アーティストが集結する北九州国際音楽祭が開催されている。1988年に市制25周年を記念し創設された。

2007年、第20回北九州国際音楽祭のガラ・コンサートでのオーケストラを発端に、さまざまなかたちのオーケストラで演奏してきた。

2009年のフィナーレ・ガラ・コンサート、2012年は「マイスター・アールト・ロマンティカー・オルケスター」(「Meister Art Romantiker Orchester」の頭文字を取って「MAROオケ」)として、2013年のプレミアム・ガラでは「北九州祝祭弦楽合奏団」として演奏をした。

「北九州に行こう」と声をかけたのは、王子ホールで一緒にやってきたMAROカンパニーの仲間と数人の仲間たち。指揮者はいない。シンフォニーなのだけれど、巨大な室内楽として一緒に演奏したい仲間と音楽で対話する。

レパートリーは基本的に古典派。当時は、指揮者という職業はなかったので、本来の姿に戻したいという気持ちもあった。

毎年、音楽祭の季節が近づくとメンバーに電話をかける。

「ヤッホー、元気？マロと遊ばない？」が誘い文句。その後に「北九州でいい音楽をやって、ラーメンを食って、みんなで打ち上げやるんだけど、1週間くらい遊ばない?」と続く。たいていは「絶対行きたい!」という返信がある。私自身も北九州に帰ると、悪ガキばかりの集団で遊んでいた頃の感覚に戻ってしまう。

私が声をかける人の特徴は①忖度のない人、②利害関係のない人、③楽しく音楽をやっている人。この3つの条件を兼ね備えているかは、話していればすぐにわかる。

ラーメンを食べにいこうと誘って、北九州に着いたらまず「かしわめし」。練習の前には、練習場の裏にある八幡ちゃんぽん。

まずは食から北九州を知ってもらう。北九州を好きになってくれたら嬉しいし、第二の故郷と感じてもらいたい。幸い、声をかけた演奏家たちは毎年、音楽祭が近くなると「北九州に帰りたい」と言ってくれているので嬉しい限りだ。

さらにこのスタイルを次世代の子どもたち、若い演奏家たちと一緒に体験できないかと考えた。そうして、２０１４年からはオーディションで選んだ若手演奏家も参加して「マイスター・アールト×ライジングスター・オーケストラ」が誕生した。

北九州国際音楽祭の独自企画で、「Meister Art Rising star Orchester」の頭文字を取って、こちらも「ＭＡＲＯオケ」になっている。

「ＭＡＲＯオケ」がふたつ存在してしまいややこしいのだが「ライジングスター」はオーディションで選ばれた若手演奏家たちのこと。彼らのことは「ＭＡＲＯオケジュニア」「若者版ＭＡＲＯオケ」などと呼んでいるメンバーもいる。

北九州は若い人との交流を楽しむ場所。リハーサルは、一番年上の私が進めていくが、若い演奏家には質問形式で意見を聞くようにしている。意見が言えるような雰囲気を作ろうと心がけているけれど、しっかりと自分の意見を持っているメンバーばかりで頼もしい。

本家「ＭＡＲＯオケ」の「マイスター・アールト」のメンバーたちと「ライジングスター」の若い演奏家たちという、世代も経験値も違う演奏家たちが、音での会話を楽しんでいる。

親友・桑田歩のこと

東京ジュニアオーケストラソサエティ、ＭＡＲＯワールド、ＭＡＲＯオケ、北九州国際音楽祭での演奏、ＭＡＲＯプロジェクト（音楽を愛する人が集まるマロの寺子屋的な発想を持った場所）。様々な活動をしてきたが、そこにはいつも桑田歩がいた。

前述したように、私たちの出会いはお互いが学生だった頃だが、濃密なつきあいが始まったのは、ウィーンで再会してからだ。彼は日本の音楽大学をやめ、ウィーンで演奏会などをしていたが、一足先に帰国した私はやっぱり一緒にやりたいと、桑田を群響に呼んだ。桑田は１９９１年に帰国。すれ違うように、私は読響に移籍した。

桑田は「呼んでおいて、なんだよ」と苦笑いしつつ、そのまま群響の首席奏者に就任。1995年に新星日本交響楽団（現・東京フィルハーモニー交響楽団）の首席奏者となり、1999年にN響に入団。ようやく同じオーケストラに所属することとなった。

人間性、音楽観……。彼は私の持っていないものをすべて持っていた。私が暴走するクレヨンしんちゃんなら、桑田はしんちゃんの友だちのボーちゃん。いつもぼーっとしている無口な子だが、いざとなると一番頼りになる。

桑田は、実にいい音を持っている。

「自分はソリストみたいなチェロは弾けない」

そう言っていたが、そのたびに「誰と比べてるの?」と、私は言った。チェロの首席奏者として日本で一番いい音を出すのは彼だと、私は思っていた。

音楽の発想がとても広い彼は、5歳児のマロの発想にもつきあってくれた。

「ここはデクレッシェンドだけど、クレッシェンドで弾きたい。きっと作曲家が書き間違えたんだよ」

子どものようなことを言い張る私に、彼はいつも寄り添ってくれた。普通なら「そんなわけないだろ。ちゃんと印刷されてるんだし、これまでもそうやって演奏されてきた」となるところを、彼は「面白いね」とつきあってくれた。

ワクワクすることがあるとすぐに「演奏会やっちゃおうか」と、思いつきを口にする私と、豊富な知識があり、周りをまとめる力のある桑田。互いに補うことで、いい化学反応を起こし、いい結果を生み出していた。

お互いに父親が子どもの幼児教育に携わっている。桑田も何かの折に「ジュニアオケを作りたい。未来を創るものをやりたい」と言っていた。音楽観と志は同じ。

次世代を育てることに情熱を注ぎ、東京ジュニアオーケストラソサエティの指導にも当たってくれていた。音楽の寺子屋を作ることが私たち共通の夢だった。「マロが寺子屋を作るのなら出資するよ」と、資金作りのために楽器を売る覚悟もしてくれた。「音楽を好きになってくれる人、楽しめる人を育てよう」「ふたりでやっていこう」と、夢を語った。

2020年、コロナ禍でMAROオケの公演が中止になっても「できる時期が来れば、絶対やろう」と意気込んでいた。

人智を超えた瞬間を体験

だが、桑田は体調を崩し、2022年9月から入退院を繰り返すようになった。8月に「北九州国際音楽祭」でアンサンブルを組んだ翌月のことだった。

その年の12月8日、彼は私に「俺は本当にだめかもしれない」と言った。「でも演奏会はやりたい」と。

「わかった、人を集めよう」

私は言い、開催を決定した。

「でも今からだと1カ月しかないから人が集まるかわからない。でもMAROワールドの弦楽器を母体にできるから、そこから何人か。人が集まらなくても残念に思わないでくれ」

同じ時期にMAROカンパニーのメンバーとはリハーサルがあったので、その前に「悪いけど、マロにつきあってくれ」とメールした。みんなすぐに「ＯＫ」と返事が来た。だが理由を聞いてきたメンバーはひとりもいなかった。

ほかにも何人かの演奏家に声をかけた。誘うときに「桑田の演奏会だから」とは誰にも言わなかった。

「来年の1月4日、遊びたいんだけど空いてる？」と聞く。「なんで？」と、問い返されたら「桑田も一緒に遊びたいって言ってるから」とだけ言った。「その日は仕事が入ってる」って言われたら「わかった、ごめんね」と、すぐに引いた。前々から決まっていた仕事をキャンセルさせるわけにいかない。

「これは……！」と思った人も多かったようで、仕事をキャンセルしても行きたいと言ってくれた人もいた。でも、私はそれだけはしないでほしいと伝えた。だが、急な誘いだったのに、80人近くが集まった。

チラシには、私自身の桑田への希望を込めた「再臨　桑田歩の英雄」という文字と共に桑田が指揮をしている写真を載せた。出演はN響と新日本フィルハーモニー交響楽団のメンバーや国内オケのコンサートマスターたちが加わった「歩夢

DREAM ORCHESTRA」。それを見た途端、みんな気づいたようで、郷古は「この演奏会だったんですか」と言った。
桑田が病気で休んでいるのはみんな知っていたし、目に見えて痩せてきていた。でも、桑田が望んだ演奏会だと知って来てほしくなかったし、弾いてほしくなかった。それは私のわがままだが「そうやって集まってきた奴ばかりだ。いい演奏になるよ」と伝えると、桑田はとても嬉しそうだった。

2023年1月4日は快晴。演奏会場は、めぐろパーシモンホール。

弦楽アンサンブルをバックに桑田のソロでカタルーニャ民謡「鳥の歌」から始まった。プログラムにはなかったが、彼が「『鳥の歌』を弾きたい」と言うから「いいよー」と、決定した。

「曲目、少ないかな」と心配する彼に「プログラムが少なくて時間が余ったら、MAROカンパニーのメンバーに漫才させるから大丈夫」と。

メインのベートーヴェン交響曲第3番「英雄」は弦楽器が16型の大型編成だ。

桑田は指揮台に上がるまで歩くのもやっとだったし、椅子に座っての指揮だった。

それでも指揮を始めると別人のような迫力で、私たちも圧倒された。彼も私もプロの演奏家。演奏している間は彼の体調のことは気にしなかった。いい演奏をすることだけ。ただ私は、ほかのみんなよりも桑田の病状をよく知っている。指揮台の上でふらついたら絶対倒れる。弾きながらも、いつでも立てるように、支えられるように、隣で弾く青木尚佳に「もし何かあったらすぐおまえに楽器渡すから受けとってくれ」と言っておいた。前に倒れたときのためにチェロの奏者たちとヴィオラの佐々木亮に「もしものときは演奏止めてすぐに立ち上がってほしい」と伝えておいた。

一番怖かったのは誰もいない後ろに倒れること。あそこまで私が行くのは1歩半。右足から行く方がいいか、左足からか。舞台上で、測っておいた。

感傷的になっても意味がない。桑田がやりたかったことはみんなで一緒に弾くこと。悼《いた》まれることじゃない。桑田は「これは、俺の生前葬だから」と言っていたが、精一杯のジョークとして受け取っていた。

終演後、郷古が「今までのベストの演奏会だったかもしれません」と、私に言っ

桑田歩の指揮による「英雄」演奏後に

た。私も同じことを思っていた。この日の演奏は、かつてウィーンのおじいさんが言っていたように、人智を超えていたのだ。

音楽は奇跡、音楽は希望

その後、桑田の調子がよくなった。

私は常々音楽には「希望」「勇気」「憧れ」という3つの要素があると思っているが、音楽は希望というのは本当かもしれない。

その後、彼は1月13日、14日にすみだトリフォニーホールの新日本フィルの公演にも出て、ブラームスのピアノ協奏曲第2番でソロを弾いた。第3楽章の冒頭から長く難しいソロが続く。朗々として実に素晴らしい音だった。

その後も、前々から入っていた講習会の仕事も予定通りこなした。


「もう1回マロと室内楽をやりたい」

桑田は言った。

「わかった。演奏会場を取る」

私はすぐに3月8日の昭和音楽大学のユリホールを押さえた。今回は大掛かりな演奏会ではなく「歩夢　室内楽シリーズ」として、ヴァイオリンふたり、ヴィオラひとり、チェロが彼で、オルガンがひとり。ドヴォルザークを3曲とアンコールを1曲用意した。

桑田は直前に入院するも、何とか退院できた。リハーサルを経て本番に臨んだが開演20分前、血液を循環する装置の調子が悪くなるというハプニングがあった。

「演奏会はやめよう。このまますぐ病院行った方がいい」

私は言った。

「来てるお客さんどうする？」

彼はすでに埋まってきている客席のことを気にしていた。

「俺がなんか喋る。ひとりで弾く」

そう言った途端に装置が直った。

「何、これ……？」

まさに奇跡だ。桑田に演奏させるために動き出したのだろうか。血液を循環する装置の調子が悪かったら、彼は手も動かないし握力もない。

「しんどかったら第1楽章だけでもいいよ。それでも楽しい演奏会ができるから」私は言ったが、彼は「いや、第2楽章も弾きたい」と言って、結局全楽章を弾いた。トークもこなした。

終演後、鳴りやまぬ拍手に応え、彼を支えながらステージに出て行くと「ブラボー！」と声がかかった。コロナ禍で声を発してはいけない時期だが、思わず出てしまったのだろう。私はとても嬉しかった。

結局、あれが最後の演奏会となった。

桑田歩との最後の演奏会の後に

４月５日に、彼は逝った。４月27日に「歩夢ドリームオーケストラ Ｖｏｌ・２」と題し、首席チェロ奏者を務めてきた新日本フィルでブルックナーの交響曲第８番を振る予定を組んでいたが、中止となった。

１月から３月までの２カ月間にできた演奏会は、日常とは別空間に存在していたように思える。桑田からのプレゼントだったのだ。

実は、演奏会には私は最後まで反対していた。

「体と演奏会どっちが大事なん

2020年にN響の演奏旅行先のケルンで桑田と

1987年にケルンで桑田と

だ」

真剣に桑田に尋ねたことがある。

「マロさん、俺、舞台で死ねたらそれ以上の幸せはない」

彼には死が見えていたのだろう。医師から宣告されていたからだけではない。自分が一番わかっていたのだ。でも音楽はやりたい。彼の口から発された言葉はカッコつけてるとかではない。ただの本心だ。

でも、私と桑田の奥さんの恭子ちゃんは治ると信じていた。だから、桑田の言葉は彼のジョークだと思いたかった。

桑田は、もしかしたら私と出会うために生まれてきたのではないか。

彼がいなくなって、そう思う。

「順番が違うぞ、桑田が私を見送るはずだろ」

そう言いたい気持ちでいっぱいだが、今頃は天国で尊敬する作曲家たちに会っているのだろうか。

還暦祝いのサプライズコンサート

回数を重ねるうちにだんだんと進化してきたＭＡＲＯワールド。実は、チラシに載っているプログラムの演奏時間は短い。とはいえ、プログラムにたとえば２曲しか載っていなくても、即興演奏がある。王子ホールのホームページにも「サプライズもご用意」と書いてある。

演奏会なのに、喋っている時間も長い。若手演奏家たちに、ばんばん話をふる。最初はみんなグダグダだったがだんだん対応もうまくなってくる。

「ちょっと、あの曲弾いてみて」と無茶ぶりするのは毎度のこと。メンバーの間では「マロのいたずらコーナー」と呼ばれているが、彼らも腕を鍛えられたのか、ついに逆サプライズを仕掛けられてしまった。

2023年の夏、古い弟子のヴァイオリニスト、塩貝みつるが海外演奏から帰国後、「私、クリスマスの日に予定がないから、ご飯行きましょう」と言ってきた。「わかった。焼肉でも食べにいくか」。私はスケジュール表の12月25日に「シオガイ　メシ会?」とだけ書いた。ずいぶんと先の予定だし、互いに仕事が入るかもしれないので、とりあえずはハテナマークを付けておいた。それ以降、音沙汰なしだったが、12月に入ってからいきなり、ネット上にある情報が流れた。

ダース・ベイダーの衣装を着て片手にヴァイオリン、片手にライトセーバーを持った私のイラストが大きく描かれ「まろ伝承」「篠崎史紀還暦お祝いサプライズコンサート」とある。開催日は12月25日、場所は王子ホールだ。

どうやら逆サプライズを仕掛けられたようだ。

「おまえら、何たくらんでるんだ」

塩貝をはじめ、首謀者と思われる何人か——チラシの裏側に書いてある参加者の中で主催者と思われるメンバーにメッセージを送った。

「焼肉ですよ」と、みんなとぼける。「王子ホールで焼肉を食うのか？」と、私。「出前、取りますよ」と、みんな口が堅い。

何かやらされるとしても、とりあえずは客席に座ってればいいかな。でも当然、喋らされるよなあ。そういえば1月の演奏会では、体調不良で出られなかった桑田の代わりに出てくれた市寛也《いちひろや》にステージ上でワルツを踊らせたっけ。市もメンバーに入ってるから、何かやり返されるかもしれないなあと、薄々感じてはいた。多少は喋らされたとしても、みんなの演奏会を聴けるのなら嬉しいことこのうえない。観客として弟子たちの演奏会を聴けるのは最大の喜びだ。

いざ、当日——。

みんながお祝いしてくれるというワクワクする気持ちと、絶対にそれだけじゃ済まないだろうというドキドキする気持ちを抱えながら車で会場入りすると、駐車場で弟子たちが待ちかまえていた。いったい何をやるのかと尋ねてみても、ニニコニコしているだけで何も答えてくれない。

エレベーターで昇り、すぐ横にある応接室に閉じ込められた。その奥の楽屋に向かう通路の前にはやはり弟子たちがいて入れてもらえない。

応接室にはモニターがあってステージの様子がわかるのだが、どこを触っても音が出ない。抜け出して事務所に行ってみたが、プログラムも進行表もない。普段は置いてあるはずのタイムスケジュールも置いていない。ホワイトボードにも何も書いていない。どうやら王子ホールの星野さんもグルになっているようだ。

いたずら好きの弟子たち

やがて小林壱成《いっせい》が迎えに来て、ステージに連れて行かれた。用意してあったハイチェアに座らされると真っ暗になった。そして、プロジェクターの映像が流れ始めた。

待てよ？　王子ホールにはプロジェクターはないはずだ。そもそもクラシックの演奏会では真っ暗になることはないのに……などと思っていると映像が流れ始

すばらしいヴァイオリニストで遊び友だちの小林壱成と２０２０年に。ベルリンから食事をしにウィーンに移動した際の写真

め、両親がいきなり出てきて喋りだした。これは後で気づいたのだが、父は、私が北九州の実家に置いたままにしてあるジャケットを着ていた。

その後、指揮者の広上淳一さんやパーヴォ、ファビオのお祝いメッセージが流れた。いつの間に準備したのか。

さらに、ウィーン留学時代からの古い友人の坂本一生《いっせい》との動画が流れた。彼の YouTube には何度か出演している。このとき流れた動画も YouTube チャンネル用だと思っていたのだが、実はこの日のために仕組まれていた偽のインタビュー動画だったのだと後で気づいた。
私の生い立ちを振り返る内容になっていて、動画の中で私の音楽人生にとっての大切な曲を答えていたが、その曲を、友人たちが順番に弾いてくれた。

【曲目】

1. ヴィヴァルディ：合奏協奏曲集「調和の霊感」Op. 3 第6番イ短調 RV356（小林壱成／Strings）
2. ヴィターリ：シャコンヌ ト短調（郷古廉／入江一雄）
3. シャルル＝オーギュスト・ド・ベリオ：バレエの情景 Op. 100（倉冨亮太／入江一雄）
4. シューベルト：ソナチネ第1番ニ長調 D. 384（塩貝みつる／入江一雄）
5. チャルダーシュ・マロ（大江馨／入江一雄）

5曲目の「チャルダーシュ・マロ」だが、チャルダーシュとはハンガリーの民族舞曲。18世紀末から19世紀半ば、ハンガリーで発展したロマ音楽の要素を持つ

ウクルシュ・オスカールとの息の合ったやりとり

ツィンバロンの名手ウクルシュ・オスカールが率いる楽団との共演

器楽による舞曲だ。

チャルダーシュで有名な作曲家にはモンティが挙げられる。チャルダーシュを含む当時の流行歌を取り入れたサラサーテの「ツィゴイネルワイゼン」は、ロマの旋律を意味している。ドイツ語で「Zigeuner《ツィゴィネル》」は「ジプシー」の意味。人気の高いヴァイオリン曲だ。

私はハンガリーで「ロマ音楽の夕べ」の演奏会を開いたことがある。レストランでもロマ仲間と弾いていた。

ロマ音楽には譜面が存在しない。

私たちのように譜面を解釈して演奏するクラシックの音楽家とはまったく違う。そんな彼らとの共演は苦労もあったが実に楽しかった。北九州国際音楽祭やMAROワールドにもロマの音楽家たちを招いた。

「チャルダーシュ・マロ」の背景には、ヨーロッパのアンティークショップで見つけた「ロマのヴァイオリン弾き像」がある。像の土台に彫られていた「Csak《チャク》 egy《エジ》 kislány《キシュラーニ》 van《ヴァン》 A《ア》 világon《ヴィラゴン》」（世界でたったひとりのかけがえのないあなたという意味）の文字は、偶然にも「ツィゴイネルワイゼン」で用いられた流行歌。この曲とあと3曲のチャルダーシュを起用して、チャルダーシュの形式に沿った曲を、私が編曲した。それが「チャルダーシュ・マロ」。曲名は、共演を重ねているロマ仲間が名づけてくれた。

楽譜は編曲した私のもとにしか存在しない。一度、ピアニストの入江一雄とは弾いたことがあるから、ピアノパートの楽譜は彼が持っている。

大江馨はいったいどこでヴァイオリンパートを入手したのだろう。ピアノパートの楽譜に書いてある小さいヴァイオリンパートを切り貼りして作ったのだろうか。

打ち上げで尋ねると「へへへ」と笑ってごまかされた。でも「ヴァイオリンパートの楽譜、渡そうか？」と聞いたら「お願いします」と、言われた。

あの曲は楽譜を見ただけでは抑揚がわからない。民族音楽だから、遅く弾いたり速く弾いたり歌ったり、独特なフレーズの取り方をする。楽譜には書きようがないのだ。それなのに私の弾き方を完ぺきにコピーしていた。

どこかで音源や映像を入手したのだろうか。ただ、そのようなものは存在しない。私と大江のやりとりを、一雄が笑いながら見ていた。彼が何か音源を探してきたのではないかと推測している。


その後、私が14歳のときに初めてオーケストラと共演したヴュータンのヴァイオリン協奏曲第5番を「弾いてみませんか」と壱成が言ってきた。

「楽器、持ってないよ」と答えると、「落ちてました」と私のヴァイオリンと弓を取り出して持ってきた。いつも持ち歩いている私のヴァイオリンケースを応接室に置いておいたので、そこから、持ってきたようだ。

まさに、いつも私が若手にやっている無茶ぶりだ。

「46年ぶりだから弾けないよ」と言ったが、19人のメンバーが前奏を弾き始めてしまった。前奏が2分半ある曲だ。「弾いてよ」と壱成たちに合図を出したけれど誰も弾こうとしない。自分もさんざん彼らにやらせてきたのだから、弾かないわけにはいかないので、結局、私が弾くことになってしまった。

カーテンコールは、「ひとりで行け」と言われたのでステージに戻り、客席にお辞儀をしていると、後ろからピアノの音が聴こえてきた。ピアニストの一雄がさっと出てきて、隅に片づけられたピアノでマスネの「タイスの瞑想曲」の前奏を弾き始めた。やはり、また私も弾くことに。

終演後、みんなは「してやったり」の表情をしていた。いつもサプライズを仕掛けてはニヤニヤしていた私だが、大掛かりなサプライズを仕掛けられ、ハメられてしまった。

いたずらを仕掛けるのは大得意な私だが、私の場合、共犯者は多くて3人ぐらい。でもこのときの仕掛人は、演奏家19人を含め、N響のステージマネージャーも打ち合わせには参加していると思うし、星野さんらホールのスタッフを含めた

演奏会後の打ち上げで、参加者がサインをしてくれたポスターを掲げるサプライズの首謀者・小林壱成と倉冨亮太

サプライズだらけだった還暦コンサート

ら30人ぐらいいるだろう。1年がかりの練りに練ったサプライズだったらしい。みんなよく黙っていられたものだ。

あとから聞いたところ、プロジェクターは塩貝が知り合いから借りてきたという。しかも名古屋からわざわざ。

上映されたパーヴォの映像は、メンバーの一人がスイスにいる友だちに頼んで撮影してもらったらしいし、ファビオは私も一緒にやっている定期公演の合間を縫って、こっそり楽屋に行って撮影したという。

ホワイエには、私の子ども時代やウィーン時代などの写真が飾ってあったようだ。どう考えても、実家にある写真だ。実家に行って写真を借りてきたらしい。まったく、サプライズのためならどこまでもやる気だ。弟子たちはこんなところも学習しているのだと感心した。どうやらそんなところも、確実に次世代に向けてのバトンを渡せているようだ。

それにしても、人生最高のクリスマスだったことは間違いない。

夢があるから人生は輝く

2024年1月。九州交響楽団とのニューイヤーコンサートを皮切りに、翌週はMAROワールド。さらに翌週は東京フィルハーモニー交響楽団との「篠崎〝MARO〟史紀のニューイヤーコンサート2024」が開催された。

リハーサルに出かけて行くと、東京フィルのメンバーの中に息子の史門がいた。彼は神奈川フィルハーモニー管弦楽団の首席ティンパニ奏者。

「なんでいるの？」

思わず声を上げると、周りのみんなはニヤニヤ。この日は史門が客演でティンパニを叩くというが、初耳だ。史門は神奈川県でひとり暮らしをしているが、荷物を取りに来るなどわりと頻繁に帰ってくるので顔を合わせる機会も多い。でも、まったく匂わせなかった。私としたことが、2カ月連続でサプライズを仕掛けられてしまったようだった。

私はこれまでさまざまなインタビューで両親の話をしてきたが、私自身の子育てはどうだったか。長男の史門と、もうひとり次男がいるが、やりたいことをやらせてきた。というより、私自身がいつも好きなことをやっていたので、その後ろ姿を見て育ってきた。

音楽を楽しむ遺伝子は息子にもしっかり引き継がれたようで、史門は昨年末、ティンパニに頭からダイブする演奏で話題になった。マウリシオ・カーゲル作曲「ティンパニとオーケストラのための協奏曲」は、楽譜の最後に「紙を張ったティンパニに最大限の力で上半身が隠れるまで突っ込み、静止する」と書かれている。史門はその通りにやり、さまざまなメディアで取り上げられた。次男は企業に勤めながらアマチュア・オーケストラで音楽を楽しんでいる。

そういえば、サプライズコンサートの収益金に関しては「今回のコンサートの収益金は『マロ基金』として、マロさんの希望する団体や方法によって寄付をし、未来へ夢をつなぐために活用させていただきます」と、記してあった。

「未来へ夢をつなぐため」という、弟子たちの言葉が嬉しかった。

私の思いは確実に伝わっている。

私が弟子たちに覚えさせ、復唱させる言葉がある。

それはこの本のカバーの裏面に載せた「夢があるから人生は輝く」。

「夢を見るから、人生は輝く」というモーツァルトの有名な格言があるのだが、「夢を見る」ではなく、「夢がある」と断言するのがマロ流だ。私がいつも言うので、クリスマスのサプライズコンサートのチラシの裏にも書いてあった。


この本を読んでくださったみなさんも、ぜひ口に出してほしい。

さあみなさん、ご一緒に！

夢があるから人生は輝く！

おわりに

この本を出版することをきっかけに、自分の半生を振り返ることになった。つくづく思ったのが、自分はずっと、ワクワクすること、楽しいことをやってきたのだなあということ。

4歳のときに両親から「ヴァイオリンが弾けると世界中の人とお友だちになれるよ」と言われて、その言葉を信じて生きてきた。実際に世界中の人と友だちになれたので、両親の言うことを信じてやってきてよかったと心から思っている。

同じ頃、幼稚園で猫の絵を描く時間、私は画用紙いっぱいを3色に塗りつぶし、鉛筆か何かで細かい線を無数に描いた。そんな私に、先生は「素敵ね」と言ってくれた。「ちゃんと猫の顔を描いてね」と描き直させずに個性をそのまま認めてもらえたことが、私の人生にとってはとても大きな出来事だった。卒園以来会っていないけれど、お元気でいらっしゃるだろうか。お会いしてお礼を言いたい。

小学校のときにいたずらばかりしている私を温かく見守ってくれた先生にも感謝したい。おかげでいたずら好きのまま、61歳になった。

網走刑務所にて。左は2006年、右は2019年

ひとまず、この本はここで終わるけれど、まだまだ話したいことはたくさんある。興味があったら、マロに会いに来てほしい。

とくにウルトラセブン、仮面ライダー、ゴジラ、ガメラ、007シリーズ、スター・ウォーズのことなら何時間でも話せる（笑）。

この本を読んでくださったみなさんは、私を見て「この人どんな育ち方をしてるんだろうな」と関心を持ったのだろう。ということは、私は今まで、めちゃくちゃいい生き方をしてきたといえるかもしれない。そんなふうに思えるのはもちろん、運と縁に導かれて、これまで出会ってきた方々のおかげだ。

この本のご縁を繋いでくれた幼馴染の山口真一さん、その山口さんの大学のオーケストラの後輩で編集を担当してくれた碇耕一さん。音楽評論家の柴田克彦さんには第5章のマエストロたちとの思い出の章を中心に貴重なご意見やご指摘をいただいた。それ以外の章では、フリーライターの百瀬しのぶさんにご尽力いただいた。また、いろいろなアイディアでマロっぽい本に仕上げてくれたデザイナーの本橋雅文さんにもお礼を言いたい。

そして、両親、家族、友人、仲間たち、そしてこの本を手に取って読んでくださったみなさんに、感謝をささげます。ありがとうございました。

篠崎史紀

"MARO"SHINOZAKI

篠崎史紀
プロフィール

統括していた」と評される。

2004年より銀座・王子ホールでスタートした「MARO ワールド」。このシリーズから弦楽合奏団「MARO カンパニー」が結成された。これらの功績により、「2020 年度第33回 ミュージック・ペンクラブ音楽賞」受賞。その他、1979年史上最年少で北九州市民文化賞、2001年福岡県文化賞、2014 年第 34 回 NHK 交響楽団「有馬賞」受賞。北九州文化大使。

また、後進の育成にも力を注いでいる。WHO国際医学アカデミー・ライフハーモニーサイエンス評議会議員。

使用楽器は 1727 年製アントニオ・ストラディバリウスを(株)ミュージック・プラザより貸与。
2024 年 4 月には、絵本「おんがくはまほう」(リトル・モア)を上梓した。
2024年9月にふくやま芸術文化ホール「リーデンローズの音楽大使」に就任。

FUMINORI

SIDE A

NHK 交響楽団特別コンサートマスターで九州交響楽団のミュージックアドバイザー。愛称“マロ”。3歳より両親の手ほどきを受け、1981年ウィーン市立音楽院に入学。翌年ウィーンのコンツェルトハウス大ホールでコンサート・デビューを飾る。その演奏は、「信頼性のあるテクニック、遊び心もある音楽性」「真珠を転がすような丸く鮮やかな音色、魅惑的な音楽性」と各メディアから称賛される。その後ヨーロッパの主要なコンクールで数々の入賞を果たしヨーロッパを中心にソロ、室内楽と幅広く活動。

88 年帰国後、群響、読響のコンサートマスターを経て、97 年 N 響のコンサートマスターに就任。以来“N 響の顔”として国内外で活躍する。ヨーロッパ公演では、The Classical Source より「コンサートマスターの篠崎は言葉にならないくらい神がかっていた」「篠崎のカリスマ的な姿は、銀白の鎧をまとった戦士のようでもあり、全てを

"MARO" SHINOZAKI

篠崎史紀プロフィール

空壕跡事件」「カマキリ孵化事件」「カエル事件」「カベチョロ逃亡事件」、その他多数の事件の首謀者として注目を浴び、帰りの会で学級委員長の女子から毎度話題に上げられる。

スクスク育った少年は、「宇宙戦艦ヤマト」と「銀河鉄道999」に出会い、雪とメーテルに心を奪われそうになるが、ゴジラの魅力には勝てず踏みとどまる。その後、ジェームズ・ボンドとの衝撃的な出会いによって段ボールで黄金の銃の製作に勤しむ。

改良に改良を重ね、ついにゴム飛ばし銃の製作に成功。MI6を目指し、007の次の番号である008のライセンスを取るため鉄棒で飛行機飛びをマスターし、またもや注目を浴びる。懲りない少年である。

14歳でふみのり青年の今後を決める出会いが訪れる。それは、「スター・ウォーズ」との運命の出会いである。それまでになかった善悪の主人公の逆転、映像でピアノ線の見えない飛行機に感銘を受け、将来はダース・ベイダーを目指そうと心に決める。しかし同時期にヨーロッパに渡り、「007」で見た風景を目の当たりにしたことによって再度「007」熱が出てしまうところが流されやすいところである。その後、語学習得のため、当時最先端だったVHSのビデオデッキを購入し、「スター・ウォーズ」のビデオを暗譜するまで繰り返し観るという前人未到の荒業をやってのけ、語学ではなくフォースを習得。
現在に至る。

FUMINORI

SIDE B

1963年1月18日吉日。篠崎家に待望の男児が誕生。その名はふみのりくん。

4歳でウルトラセブンと出会い、将来の夢は宇宙人になること。空を飛ぶための練習はかかさず、布団の上で習得するものの、小学生に上がる前に宇宙人になれないことを悟る。だが、サンタクロースの存在を信じる純粋な少年でもあった。再び、衝撃的なヒーローに出会う。その名は仮面ライダー。そこは単純なふみのりくん、宇宙人になれなくても改造人間ならとシフトチェンジ。まずは仮面ライダーの本職であるバイク乗りになろうと、当時、爆発的人気を博した「仮面ライダー自転車」に目を付ける。サンタクロースにお願いの手紙を大量に書き、切手を貼らずにポストに投函し、自転車の到着を今か今かと待つ日々を送る。良い子にしていたらサンタのおじさんが来てくれることを信じていたふみのり少年、精神面の鍛錬を欠かさず行い、善と悪についての基本形をマスターする。その甲斐もあり、念願の仮面ライダー自転車（補助輪付き）を手に入れ、猛練習を始める。サンタクロースが持ってきたもう一つの大きな袋。中には巨大なヴァイオリンとサンタクロースからの手紙が入っていた。「これはヴァイオリンの親分です」とのサンタクロースからのメッセージに、負けず嫌いなふみのり少年、その親分を自分の子分にしてやろうと、チェロを必死で弾き始める。

その後ピカピカの1年生になり、学校では「防

ブックデザイン　本橋雅文（orange bird）
カバー写真　井村重人（アーニーズ・スタジオ）
編集協力　柴田克彦、百瀬しのぶ

ポプラ新書
265

音楽が人智を超える瞬間《とき》

2024年9月9日 第1刷発行

著者
篠崎史紀

発行者
加藤裕樹

編集
碇 耕一

発行所
株式会社 ポプラ社
〒141-8210　東京都品川区西五反田 3-5-8
JR 目黒 MARC ビル 12 階
一般書ホームページ www.webasta.jp

ブックデザイン
鈴木成一デザイン室

印刷・製本
TOPPANクロレ株式会社

N.D.C.914/287P/18cm/ISBN978-4-591-18317-5

P8201265